LK' 10466

HISTOIRE
DU DONJON ET DU CHATEAU
DE VINCENNES.

HISTOIRE

DU DONJON ET DU CHATEAU
DE VINCENNES,

DEPUIS LEUR ORIGINE JUSQU'A L'ÉPOQUE
DE LA RÉVOLUTION;

CONTENANT des particularités intéressantes sur les Princes, les Rois, les Ministres, et autres personnages célèbres qui ont habité Vincennes;

Et sur les prisonniers qui y ont été renfermés, principalement pendant les règnes de Louis XIII, Louis XIV et Louis XV; avec un précis historique des guerres civiles dans lesquelles figurèrent les principaux prisonniers du Donjon, depuis le règne de Charles V jusqu'à l'époque de la suppression de cette prison d'état.

PAR L. B.

TOME TROISIÈME.

A PARIS,

CHEZ
{ BRUNOT-LABBE, Libraire, rue de Grenelle Saint-Honoré, n°. 15;
{ LEROUGE, Libraire, Cour du Commerce, Maison de Rohan.

1807.

HISTOIRE
DU DONJON ET DU CHATEAU
DE VINCENNES,

DEPUIS L'ORIGINE DE LA MONARCHIE FRANÇAISE,
JUSQU'AU RÈGNE DE LOUIS XV INCLUSIVEMENT.

CHAPITRE XXV.

Anecdotes et particularités relatives aux prisonniers d'état renfermés au Donjon à la fin du XVIIme siècle.—Le grand-chantre du chapitre de Beauvais, et huit ou neuf chanoines.—Le sieur de St.-Victor, gentilhomme.—Plusieurs protestans.—Le Frotteur des appartemens de Louvois.—Frédéric Lang, canonnier de l'évêque de Munster.—Boscus, curé de Mory.—Martinet.—Augustin le Charbonnier.—Dupuis, commis dans les bureaux du ministre Chamillard.—Jeanne-Marie Guyon, Quiétiste.—Pardieu et Henri Francion, calvinistes.

R AOULFOI, chanoine de Beauvais, menoit une conduite peu édifiante, et qui contrastoit singulièrement avec les obligations que lui imposoit son état. Ses supérieurs, ses confrères, lassés de le reprendre en vain, éprouvèrent la triste nécessité de faire contre lui quelques procédures. Au lieu de prendre le sage parti de se mieux conduire, il forma le dessein de se venger, en suscitant contre ceux dont il croyoit avoir à se plaindre, une accusation de crime de lèse-majesté. Il y enveloppa le chantre et plusieurs chanoines de Beauvais, par cinq lettres en chiffres qu'il composa ou qu'il fit fabriquer, et qu'il envoya, en mai 1689, au marquis de Seignelay, ministre et secrétaire d'état. Il les accusoit, ainsi que cinq autres chanoines du même chapitre, et le doyen de celui de Roye, d'avoir conspiré contre Louis XIV; d'avoir été en correspondance avec les ennemis de la France; d'en avoir reçu de l'argent : il les accusoit en outre de s'être employés, avec plusieurs autres personnes désignées dans les mêmes lettres, à former des partis et à exciter des soulèvemens en diverses provinces du royaume. Le chantre et les chanoines furent aussitôt arrêtés à Beauvais ; un autre fut arrêté en Bretagne (le sieur Bridieu), et tous furent amenés à Vincennes, à l'exception de Bridieu, qui fut conduit à la Bastille.

Heureusement que les lettres furent reconnues fausses par la Reynie, lieutenant-général de police. Raoulfoi, bientôt après détenu à la Bastille, fut contraint d'en convenir lui-même.

Les nommés Dourlans et Héron, accusés de complicité avec l'indigne chanoine, furent conduits à Vincennes, le 11 août 1691. Héron avoit composé les lettres en chiffres, de concert avec Raoulfoi ; et Dourlans, beau-frère de Héron, avoit transcrit en chiffres deux de ces lettres, sans savoir ce qu'elles contenoient.

Ces pièces étoient fabriquées avec beaucoup d'art et de méchanceté, et l'on y avoit employé des expressions très-fortes contre le roi.

Le faux dénonciateur et son complice

furent condamnés à être pendus, et l'arrêt reçut son exécution. Puissent tous les calomniateurs avoir un pareil sort! Il seroit à souhaiter que le récit de cette odieuse machination fût connu de tous les gouvernemens; ils en inféreroient sans doute, que ce n'est qu'avec une extrême circonspection qu'ils doivent ajouter foi aux accusations de crimes de lèse-majesté et de conspiration contre l'état.

Voici un coupable d'un autre genre. Un gentilhomme nommé Victor, a joua plusieurs rôles dans le monde; sa mauvaise conduite le rendit justement suspect; on le renferma à Vincennes le 17 juillet 1690, et on le transféra à la Bastille le 11 août de la même année. Il y resta jusqu'au premier mars 1694; à cette époque on l'envoya au château de Caën.

Dénoncé au gouvernement comme ayant voulu assassiner son propre frère, et comme cherchant à se soustraire, sous différens déguisemens, aux poursuites dirigées contre lui, les ordres les plus précis furent donnés pour le faire rechercher et arrêter. Un commissaire de police le reconnut dans les rues de Paris, quoiqu'il fût travesti en ermite. Quand Saint-Victor se vit prisonnier à Vincennes, il déclara qu'il s'appeloit Frère Jean Barré; qu'il étoit du Dauphiné, et qu'il avoit pris à Rome la robe d'ermite. Mais on s'aperçut qu'il portoit sous cette robe un habit de cavalier, fort propre, et on saisit sur lui des poudres et des papiers suspects. On découvrit aussi qu'il étoit venu à Paris avec un bon cheval. On trouva sous son lit, dans la chambre qu'il avoit habitée, la copie d'une lettre mystérieuse, écrite de sa main, adressée à Nantes, sans qu'il ait jamais voulu s'expliquer, ni dire à qui il l'avoit envoyée. Des renseignemens certains apprirent qu'il avoit acheté, peu de jours avant sa détention, la robe et les prétendues patentes d'un ermite, qui se disoit venir de Ratisbonne, et qui avoit été chassé de Paris. Enfin, on ne put douter que le prétendu ermite caché sous le nom de Frère Jean Barré, ne fût un gentilhomme des environs de Lisieux, nommé Saint-Victor, que sa femme avoit quitté, et qui avoit follement dissipé tout son bien.

Vers cette même époque, en 1690, on privoit de leur liberté une foule de protestans.

On transféra de Vincennes à la Bastille, ou de cette forteresse dans la première, les nommés de Glazeau, de la Favelière, Malle, la dame Boé, Chandenières, Vasle, Parades, Saunie, Valons, Candel. Le comte de Beaufort fut conduit à Vincennes ou à la Bastille, par ordre de Louvois.

Ce ministre, fils de le Tellier, alluma la guerre contre toute l'Europe, pour se rendre utile à Louis XIV. C'est par ses ordres que fut incendié le Palatinat. Louvois mourut tout-à-coup de désespoir, d'avoir déplu à son maître. On crut qu'il avoit été empoisonné; et les médecins qui assistèrent à l'ouverture de son corps, en parurent persuadés. On soupçonna un frotteur d'appartement, bon Savoyard, qui avoit coutume de nettoyer son cabinet, d'avoir jeté du poison dans un pot d'eau toujours placé auprès du bureau de ce ministre, et dont il buvoit souvent. Le malheureux frotteur fut arrêté et renfermé au donjon de Vincennes. Il y resta deux ans entiers, et persista à soutenir qu'il étoit innocent du crime dont on l'accusoit. Il fut enfin élargi, à condition qu'il sortiroit du royaume.

On trouva le cœur de Louvois entièrement desséché, comme s'il eût été comprimé avec force; ce que plusieurs personnes regardèrent comme l'effet du violent chagrin qu'il eut sur la fin de ses jours, d'avoir perdu les bonnes graces du roi, à cause de madame de Maintenon qui ne l'aimoit point.

Un Anglais, nommé Vaubrug, fut transféré de Vincennes à la Bastille le 1er février 1692, ainsi qu'un gentilhomme du duc de la Feuillade, accusé d'escroquerie et de contrefaçon d'ordres du roi dans les bureaux du marquis de Barbesieux.

Un ministre de la religion protestante, nommé Malzac, ne cessoit de se dévouer aux fonctions de son état, malgré les risques qu'il couroit au milieu de la persécution suscitée contre ses coreligionnaires : il eut même le courage de venir à Paris, afin de leur porter les secours et les consolations dont ils avoient besoin. Il sut long-temps éluder toutes les recherches ordonnées par l'autorité qui vouloit s'assurer de sa personne. En vain une récompense de mille livres tournois avoit été promise à celui qui s'en saisiroit : il fut arrêté le 11 février 1692, par hasard, comme il entroit dans une maison pour y célébrer la Cène et prêcher à quelques zélés de sa secte, qui n'osoient s'assembler en grand nombre de peur d'être surpris.

Le 4 février 1693, Frédéric Lang, fils de l'un des *principaux canonniers de l'évêque de Munster*, fut mis à la Bastille et transféré à Vincennes le 29 octobre suivant. Cet homme vivoit mystérieusement à Paris, et on le soupçonna d'être un espion du prince d'Orange, et d'avoir été envoyé en France par ce prince.

Le 2 mai 1694, on mit aussi à la Bastille le nommé Vigier, avocat au parlement de Paris, accusé, par une demoiselle Prévost, d'avoir formé le projet d'assassiner le roi, et d'avoir fait, pour cet horrible dessein, l'essai dans le bois de Vincennes, d'un fusil qui portoit beaucoup plus loin qu'une arme à feu ordinaire. Cette dénonciation parut suspecte; on ne trouva rien de répréhensible dans les papiers de Vigier, et les informations lui furent très-favorables. On découvrit que le nommé Richard, prêtre, qui avoit témoigné contre l'accusé, étoit alors en procès avec le curé de Saint-Hypolite, frère de Vigier, son ennemi capital. On soupçonna que ce témoin étoit animé d'un esprit de vengeance, et on découvrit en effet un complot pour perdre l'avocat Vigier. Boscus, curé de Mory, Dardenne, son vicaire, et un nommé Martinet, se trouvèrent, ainsi que le prêtre Richard et la demoiselle Prévost, complices de cette fausse accusation. En conséquence, ils furent tous arrêtés ; Boscus et Martinet furent mis à Vincennes au mois de mai 1694, et les trois autres à la Bastille. Le procès de ces cinq prévenus fut instruit par la chambre de justice de l'Arsenal. La fille Prévost, qui avoit avoué le projet de perdre un homme honnête et innocent, fut condamnée au bannissement perpétuel ; le curé Boscus, aux galères perpétuelles ; Dardenne, au bannissement pour cinq années, et ensuite renfermé dans un séminaire : les deux autres coaccusés furent renvoyés absous.

Cependant l'avocat Vigier, quoique parfaitement innocent, et reconnu pour avoir été victime d'une horrible calomnie, resta encore à la Bastille : on lui reprochoit d'intriguer, de s'insinuer dans les meilleures maisons pour se mêler d'affaires obscures et secrètes, sur lesquelles on desiroit avoir des explications : tant il est à craindre pour tout citoyen, même honnête, d'exciter la défiance d'un gouvernement ombrageux !

Augustin le Charbonnier, des environs d'Alençon, également détenu à Vincennes, ne fut point une victime de la calomnie, ni de son attachement à la religion protestante; il étoit au contraire fort zélé apostolique. Il fut tellement maltraité, un jour, par ordre de Bernaville, commandant du Donjon, qu'on lui cassa la cuisse. Transféré à la Bastille, il y devint fou, tant à cause de ses souffrances continuelles, que des jeûnes rigoureux auxquels il s'astreignoit par dévotion. Sa barbe brune lui descendoit jusque sur l'estomac: il ne se déshabilloit jamais; il se tenoit continuellement couché tout chaussé et tout vêtu, sur un méchant matelas et sur une couverture, sous laquelle il ne se mettoit que lorsqu'il y étoit forcé par le froid excessif. A peine changeoit-il de linge une fois dans six mois. Il prioit sans cesse, mais d'une manière extravagante, réunissant, sans le moindre ordre, un fragment d'oraison à un autre. Par exemple, il s'écrioit très-dévotement: *Veni, sancte Spiritus...... Maria, mater Dei, succurre*

miseris………… Gloria in excelsis Deo… Languentibus in Purgatorio… Tantum ergo Sacramentum………, etc.
Après quoi, il tiroit un petit crucifix, qu'il tenoit caché dans son sein, et le baisoit trente fois de suite, ainsi que la terre ; ou bien il tiroit de sa poche un chapelet sur lequel il marmottoit des Litanies, des *Ave Maria*, dont il faisoit un amalgame bizarre. Il se couchoit et s'agenouilloit alternativement jusqu'à vingt fois dans un quart d'heure ; mais le lundi, qu'il consacroit au Saint-Esprit, il ne prenoit aucun aliment, se tenoit presque toujours à genoux, ainsi que les mercredis, vendredis et samedis, qu'il ne mangeoit qu'un peu de pain et ne buvoit que de l'eau. Ce malheureux avoit été renfermé dès l'âge de vingt-huit ans ; son crime étoit d'avoir travaillé à une gazette burlesque qui s'imprimoit en Hollande. La folie de ce malheureux parvint à un tel degré, qu'en 1705 il fallut le transporter à Bicêtre, où il trouva la fin de tous ses maux.

Voici quelle fut la cause de la détention

à Vincennes du nommé Dupuis, commis dans les bureaux de Chamillard, et surnommé la *Plume d'Or* pour sa belle écriture. Un abbé jouoit gros jeu, et faisoit une dépense excessive : pour soutenir ses prodigalités, il avoit trouvé le secret de contrefaire les ordonnances du roi, par le moyen desquelles il tiroit des sommes considérables du trésor royal. On découvrit sa friponnerie, mais il eut le bonheur de prendre la fuite. Dupuis fut arrêté, soupçonné de l'avoir aidé dans la contrefaçon de ces ordonnances. Le donjon de Vincennes fut sa première prison. Il découvrit alors qu'il possédoit un talent dont il ne se seroit jamais douté : il eut bientôt le secret d'ouvrir toutes les portes de cette forteresse redoutable. Il alloit visiter en secret les prisonniers et les prisonnières, pendant la nuit, dans leurs chambres ; et sans la vigilance des sentinelles, il seroit aisément parvenu à s'évader. Ne pouvant concevoir qui rôdoit dans tous les corridors au milieu de l'obscurité de la nuit, et quel homme ou quel démon avoit l'art de s'introduire chez les détenus, on fit le guet avec tant de soin, que Dupuis fut surpris dans l'escalier d'une des tours, chargé de bouteilles de vin, qu'il avoit été chercher, à tâtons, dans une cave, où il pénétroit par le moyen de fausses clefs, qu'il fabriquoit lui-même; et il alloit boire ce vin avec des prisonniers chez lesquels il entroit au moyen de ces mêmes fausses clefs; car il n'y avoit point de porte qu'il ne sût ouvrir. Il portoit toujours sur lui un morceau de cire préparé : tout en amusant les porte-clefs et jouant avec eux, il imprimoit adroitement leurs clefs sur la cire; après quoi, avec de la vaisselle d'étain qu'il fondoit, et qu'il avoit le secret de rendre aussi dure que le fer, il composoit des clefs à l'épreuve.

On résolut de le changer de prison; et il fut transféré à la Bastille : mais il apporta dans ce redoutable château, l'adresse singulière qui le caractérisoit. Il parvint bientôt à circuler aussi dans toutes les tours; et il n'y avoit pas un seul prisonnier qui ne fût tout étonné de le voir paroître dans son cachot. De jolies prisonnières, charmées de son habileté, le récompensèrnnt, dit-on, des efforts qu'il avoit faits pour parvenir jusqu'à elles. Mais celui qui profita le mieux des talens de Dupuis, fut un coureur italien, qui lui fit comprendre que s'il pouvoit l'introduire dans le fossé de la Bastille, il lui seroit facile, par son agilité, à l'aide d'une corde qu'il fileroit avec ses draps, de le faire monter sur la corniche et sur le mur, d'où il le descendroit aisément dans la rue.

Ce coureur appartenoit au nonce du pape. Un jour, en buvant au cabaret avec d'autres domestiques, parmi lesquels il s'en trouvoit quelques-uns de la maison du roi, il s'avisa de dire qu'il défendroit sa vie contre qui que ce fût, quand même ce seroit contre un prince. Les domestiques français répliquèrent qu'il vaudroit mieux se laisser tuer, plutôt que de résister à son souverain. Le coureur, échauffé par la liqueur bacchique, dit qu'il se défendroit contre le roi même, et qu'il étoit plus naturel de tuer, que de se laisser ôter la vie. Des espions se trouvèrent présens à cette dispute : ils firent un faux rapport, afin de mieux se faire valoir. Il n'en fallut pas davantage pour que l'imprudent coureur fût condamné à une prison perpétuelle. En vain le nonce le réclama comme son domestique ; on lui ferma la bouche, en lui rappelant combien étoit affreux le crime de lèse-majesté. Le coureur italien eût péri dans la Bastille ; si l'adroit Dupuis, en l'associant à sa fuite, n'avoit trouvé le moyen de l'en tirer.

Ils exécutèrent heureusement leur projet, et eurent le bonheur de s'évader de la Bastille. Le coureur se servit si bien de la légèreté de ses jambes, qu'il fut impossible de le rattraper. Pour Dupuis, il fut repris à Lyon, comme il s'amusoit à jouer à la paume, jeu qu'il aimoit avec passion. Ramené à la Bastille, il y fut si étroitement enchaîné, qu'il n'eut plus la facilité

facilité d'aller rendre visite aux docteurs, et encore moins aux jolies prisonnières. Il n'obtint sa liberté que long-temps après, lorsqu'il fut enfin parvenu à prouver que l'accusation dont il étoit victime étoit fausse ; la beauté de son écriture lui fit trouver une place avantageuse.

Non-seulement les persécutions suscitées contre les Calvinistes, et les querelles du Jansénisme contribuèrent à remplir les prisons d'État ; mais les divisions et le faux zèle suscités par la doctrine du Quiétisme, compromirent également la liberté d'un grand nombre de personnes des deux sexes.

Une femme très dévote, sans nom, sans crédit, sans véritable esprit, et qui n'avoit qu'une imagination pieusement exaltée, troubla le repos des deux plus grands prélats qui fussent alors dans l'Église (Fénélon et Bossuet); elle fit naître ou donna une nouvelle activité à la querelle ridicule du Quiétisme. Son nom étoit Jeanne-Marie Bouvière-de-la-Motte ; elle reçut le jour en 1648, à Montargis, capitale du Gatinois, et épousa le fils de l'entrepreneur du canal de Briare, Jacques Guyon, chevalier, seigneur du Quesnoy, dont elle resta veuve au bout de sept ans. Elle n'avoit alors que vingt-cinq ans, et elle pouvoit encore plaire; mais elle s'entêta de la spiritualité de la vie mystique. Un Barnabite de Savoie, nommé Lacombe, fut son directeur. Possedée du desir de devenir une sainte Thérèse, elle composa des écrits sur le Nouveau-Testament; elle s'imagina enfin avoir des révélations divines. S'insinuant ensuite chez plusieurs personnes de la cour, elle forme le dessein d'inspirer ses maximes du *pur amour de Dieu* aux femmes d'un rang distingué, et de les attirer dans la voie de spiritualité et d'oraison extatique qu'elle assure lui avoir été tracée par l'esprit de Dieu. La veuve Guyon assuroit qu'elle avoit souvent des plénitudes de graces. Les dévotes de la cour, rassasiées de tous les plaisirs, étoient charmées qu'on leur présentât une béatitude extraordinaire.

Le Barnabite Lacombe, en parlant à madame Guyon, l'appeloit toujours *ma mère*, et en parlant d'elle, *la mère du saint enfant.*

Elle avoit de fréquentes relations avec un nommé Davoust, mystique et illuminé, qui disoit que Dieu lui avoit révélé et lui avoit inspiré de composer des ouvrages concernant un renouvellement de loi divine et un troisième testament, qui devoit former une nouvelle alliance, et réunir toutes les nations dans la même église. Ce Davoust prétendoit faire croire qu'il parloit et écrivoit de la part de Dieu, comme saint Paul. La dame Guyon, de son côté, fit beaucoup de livres, presque tous remplis d'extravagances et de prophéties. Voltaire a dit de cette femme qu'elle faisoit des vers comme Cotin, et de la prose comme Polichinelle.

Après avoir été renfermée pendant quelque temps, par ordre du roi, dans le couvent de la Visitation de la rue Saint-Antoine, à Paris, madame Guyon trouva moyen de s'introduire à la cour et à Saint-Cyr; elle assista aux conférences de l'abbé de Fénélon, précepteur des enfans de France, depuis archevêque de Cambrai, et eut l'art de lui faire adopter sa doctrine mystique. Elle rechercha encore la protection du célèbre Bossuet, évêque de Meaux; et lui fit présent de tous ses écrits. L'évêque de Châlons, qui fut depuis cardinal de Noailles, et l'abbé Tronson, supérieur de Saint-Sulpice, s'assemblèrent à Issy près Paris pour l'examen des principes du Quiétisme. Cependant madame Guyon, qui étoit âgée d'environ quarante-cinq ans, et encore très-belle femme, et qui avoit promis de ne plus dogmatiser, continuoit ses assemblées particulières et ses extases célestes. Elle fut encore enlevée par ordre du roi en 1695, et enfermée au donjon de Vincennes: on la mit d'abord dans l'appartement du gouverneur. Elle composa dans cette prison un gros volume de vers mystiques, plus mauvais encore que sa prose; elle parodioit les vers des opéras, et on l'entendoit souvent chanter :

L'amour pur et parfait va plus loin qu'on ne pense;
On ne sait pas, lorsqu'il commence,
Tout ce qu'il doit coûter un jour :
Mon cœur n'auroit connu Vincennes ni souffrance
S'il n'eût connu le pur amour.

Pendant sa détention au donjon de Vincennes, elle eut très-souvent des extases; et dans une de ses visions mystiques, elle épousa Jésus-Christ. Depuis une alliance si considérable, elle ne prioit plus les Saints, pas même la Vierge-Marie, parce que la maîtresse de la maison, disoit-elle, ne doit implorer le secours ni de la mère, ni des domestiques de son époux.

Madame de Maintenon, qui aimoit cette femme extraordinaire, sans connoître à fond sa doctrine, représenta au roi que sa protégée ne méritoit point une détention si rigoureuse, qu'elle ne pouvoit troubler l'État, et que son système contemplatif n'occasionneroit certainement pas une révolution; qu'au surplus un couvent suffiroit, s'il paroissoit absolument nécessaire de punir une femme aussi pieuse et aussi innocente. Louis XIV étoit ébranlé par ces représentations; mais une telle modération ne suffisoit pas au zèle de Bossuet, qui fit prolonger la détention de cette dévote, saintement égarée. Comme elle avoit marié sa fille au comte de Vaux, fils aîné de Fouquet, surintendant des finances, et frère de la duchesse de Charost, elle trouva dans sa famille de puissans protecteurs. Enfin, le roi consentit, à la prière du cardinal de Noailles, qu'elle fût transférée, après quelques mois de détention à Vincennes, dans un couvent à Vaugirard; elle y fut moins gênée et plus à même de voir sa famille.

Madame Guyon obtint bientôt une entière liberté, en paroissant condamner son système mystique; mais elle ne chercha qu'à le répandre davantage, se regardant comme une victime persécutée par l'erreur et l'endurcissement des hommes. Les sentimens des Quiétistes sont tirés de la plupart des rêveries d'un prêtre nommé Molinos, condamné avec éclat à Rome, et de quelques passages mal entendus des auteurs ascétiques ou extrêmement dévots, qui ont écrit sur l'oraison mentale. Ils prétendent que quand une fois on s'est donné à Dieu avec toute la sécurité d'un cœur vivement pénétré, on doit être dans un saint repos, ce qu'ils appellent l'*état de quiétude*, ou l'*oraison de quiétude*; ce qui leur a fait donner le nom de quiétistes. Ils disent que, pour ne pas troubler cet état d'abandon et d'élévation au ciel, il ne faut pas se mettre en peine de faire de nouveaux actes d'amour de Dieu; qu'il faut s'abandonner entièrement aux mouvemens de l'esprit divin, sans s'embarrasser ni des mystères, ni des cérémonies du culte, et que la partie supérieure de l'âme étant dans un saint repos, elle ne doit pas prendre garde à tout ce qui arrive à son imagination, et même à son corps. On doit éprouver l'anéantissement de toutes les facultés, une indifférence totale pour la vie ou la mort, pour le paradis ou l'enfer. Cette vie n'étoit, en suivant la nouvelle doctrine, qu'une anticipation de l'autre, qu'une extase sans réveil. Ces maximes une fois reçues dans les esprits contemplatifs, y reproduisoient tous les jours de nouvelles erreurs; et dans les cœurs libertins, elles étoient suivies d'une infinité de désordres scandaleux.

La dame Guyon, persistant dans cette doctrine qu'elle cherchoit à appuyer par des miracles et par des prophéties, fut arrêtée une seconde fois et conduite à la Bastille en 1698. Ses livres mystiques furent alors singulièrement recherchés; ils se vendoient un prix fou à tous les curieux qui s'empressoient d'en avoir (1).

A l'époque de ce second emprisonnement, un vieillard, âgé de quatre-vingt-quatre ans, fut mis à Vincennes comme Quiétiste : il n'obtint sa liberté que le 23 septembre 1700.

Le 24 décembre de la même année, une femme-de-chambre de madame Guyon fut transférée de Vincennes à la Bastille, pour être confrontée successivement à plusieurs personnes. On conduisit cette malheureuse, dans le plus grand secret et les yeux couverts d'un bandeau, jusque dans le nouveau cachot qu'elle devoit habiter. Cette pauvre fille, à qui on fit si grande peur, resta dans cette forteresse jusqu'au 31 mars de l'année suivante, qu'elle fut ramenée au donjon de Vincennes.

La dame Guyon ne sortit de la Bastille que le 22 mars 1703, sur la caution de son fils, qui se soumit à la représenter, et à condition encore qu'elle iroit passer six mois dans une

―――――――――――――――――――――

(1) Entre autres productions, elle a publié *les Torrens Spirituels*.

terre près de Blois, sans pouvoir écrire ni communiquer avec personne.

Elle mourut à Blois en 1727. Son tombeau étoit dans cette ville en vénération à ceux qui avoient adopté la doctrine du Quiétisme; on y faisoit souvent des pélerinages.

Parlons maintenant de nouvelles victimes de l'intolérance religieuse. Pardieu, originaire de Vitry-le-François, fut d'abord enfermé à Vincennes au commencement de 1699, et transféré ensuite à la Bastille; il se mêloit de chercher des prêtres ou d'en supposer pour marier des Protestans sans les assujétir aux cérémonies de l'Église, et il subsistoit de ce genre d'intrigue. Après qu'on l'eut transféré à la Bastille, il y abjura la religion calviniste; on le crut alors bien converti; on lui accorda sa liberté au mois d'avril 1704, avec ordre de se retirer dans son pays. Ce malheureux, digne de compassion et accablé d'infirmités, étoit âgé de soixante-dix-sept ans.

Henri Francion, du Dauphiné, fut longtemps détenu à Vincennes avant d'être transféré à la Bastille. Né dans la maison des Calvinistes, il exerçoit à Paris la médecine, malgré les lois sévères qui le défendoient aux Protestans. Il composoit, disoit-on, des remèdes violens et extraordinaires qui coûtèrent la vie à quelques personnes ; on le soupçonna aussi d'être espion du prince d'Orange. Il abjura les principes religieux dans lesquels il avoit été nourri, se flattant par ce moyen d'obtenir plutôt sa liberté ; mais on douta de la vérité de sa conversion, et il resta captif pendant plusieurs années.

CHAPITRE XXVI.

Détention au donjon de Vincennes, vers le commencement du dix-huitième siècle, du comte de Brederode, de Cafforeau de Metz, des comtes du Thûnn, père et fils; du prince de Ricia, du comte de Kosnisberg, de Delfine, secrétaire du comte Walstein; de plusieurs Jansénistes; de Châtillon de Vieux-Pont; de Leblanc, ministre de la guerre; de l'abbé de Margon et de l'abbé Langlet du Fresnoy.

LE comte de Brederode, seigneur hollandais (1), fut arrêté vers 1700, resta deux ans dans le donjon de Vincennes, et fut transféré

---

(1) On ne croit pas que le comte de Brederode, seigneur hollandais, fût de l'illustre famille des marquis de Brederode, seigneurs de Vianen, près d'Utrecht, descendans des anciens comtes de Hollande, et dont un marquis de ce nom, en 1646, étoit beau-frère du prince d'Orange.

ensuite à la Bastille, où il languit plus de douze années. Il alloit enfin être mis en liberté, lorsqu'on fut contraint de le transporter malade à l'hospice de la Charité, rue des Saints-Pères : il y mourut au bout de huit jours. Un prisonnier fort riche, nommé Vinachi, sicilien ou napolitain, qui périt à la Bastille, avoit fondé à l'hospice de la Charité quatre lits en faveur des prisonniers malades, détenus par lettres-de-cachet : ce fut aussi à sa bienfaisance que les prisonniers étoient redevables d'une bibliothèque à la Bastille.

Voici ce que le comte de Bréderode raconta à plusieurs de ses compagnons d'infortune sur les causes de sa captivité : c'est lui-même qui va parler.

« Je traversois un jour la place de Grève, à Paris, lorsqu'un moine, possesseur d'un bon prieuré, que je connoissois depuis quelque temps, m'appela d'un cabaret où il se régaloit tête-à-tête avec un autre homme. Après m'avoir engagé à boire avec eux, il me dit qu'il vouloit faire ma fortune, et me demanda si j'aurois peur du Diable. Il ajouta qu'ils devoient enlever un trésor caché dans une caverne à Arcueil ; que tout étoit préparé pour faire réussir la chose ; que dès le soir même je n'en douterois pas, si j'osois en être le témoin; et que je partagerois avec eux les sommes immenses qui composoient ce trésor. Je voulus tourner la chose en plaisanterie. Il y a long-temps, lui répondis-je, que j'ai entendu assurer qu'il existe un trésor dans la caverne d'Arcueil; mais je ne puis comprendre comment et pourquoi le Diable s'en mettroit en possession ; et encore moins comment, après s'en être rendu maître, il seroit assez sot pour le livrer au commandement d'un prêtre ou d'un magicien. J'ajoute si peu de foi à tous ces contes populaires, que je vous verrai faire tous vos exorcismes sans la moindre émotion. — Mon cher comte, reprit le prieur, venez avec nous seulement, soyez ferme et résolu, et vous ne douterez plus de l'existence de ces choses surnaturelles. —Quel est le prêtre et le magicien, repris-je, qui doivent faire les évocations ? — C'est moi, dit le prieur ; et quant au magicien, il vous surprendra quand vous le connoîtrez : il doit se rendre ici dans une heure. En effet, avant que l'heure fût écoulée, je vis entrer plusieurs personnes, accompagnées d'une jeune fille. Le bon prieur répondit de moi à l'assemblée, et me présentant la jeune fille, il me dit que je voyois en elle le terrible nécromancien. Je m'écriai qu'elle m'inspiroit plutôt de l'amour que de l'effroi. — Elle fait pourtant trembler le Diable, reprit-il, ainsi que vous le verrez de vos propres yeux. Je priai la belle enchanteresse de vouloir bien m'apprendre qui l'avoit instruite dans l'art magique. Cette science, me dit-elle, nous vient de père en fils ; mon père étoit le plus habile magicien des Landes auprès de Bordeaux ; quoique ce ne fût qu'un simple berger, cent fois il a fait descendre la lune et danser le soleil. Je ne pus m'empêcher de rire de cette extravagance. On soupa gaiement ; à l'issue du repas, on fit venir des carosses de place, et nous partîmes tous pour voler à la fortune. Arrivés à Arcueil, un jardinier nous ouvrit l'asyle mystérieux, et nous conduisit dans l'antre de la Sybile : c'étoit une caverne obscure; je la parcourus toute entière, dans ses recoins et détours, une bougie allumée dans une main, et mon épée nue dans l'autre, tandis que la jeune sorcière se déshabilloit. Elle y pénétra en chemise, tenant un flambeau de poix-résine, enduit d'une couleur noire, et dans l'autre main le grimoire tout ouvert. Un homme de la troupe et moi restâmes à l'entrée de la grotte, et le reste de notre compagnie eut ordre de se tenir à une certaine distance. Un moment après, j'entendis la jeune sorcière parler à quelqu'un d'un ton impératif: Voilà bien des fois que tu fausses ta promesse, disoit-elle; je veux, j'entends, j'ordonne que tu me livres à l'instant ce trésor. — Tu ne sauras vaincre ma résistance cette nuit, reprit le Diable prétendu; ne m'importune pas davantage: il y a trop de monde avec toi; et si le prêtre, ton compagnon, ou tout autre, s'avise d'enfreindre la loi que j'impose, je jure de lui tordre le cou en ta présence. — Je saurai t'en empêcher, lui répliqua-t-elle. — Eh bien, tremble pour toi-même, dit le mystérieux inconnu. A ces mots nous entendîmes qu'il la maltraitoit. Je voulus courir à son secours ; l'homme qui étoit avec moi m'en empêcha, en me disant que j'étois perdu si je faisois un seul pas. Dans le moment, la magicienne arriva auprès de nous, les yeux hagards, meurtrie et ensanglantée, mais sans pousser un soupir, un gémissement, et bien résolue à être plus heureuse dans une autre tentative. Nous remontâmes en carosse, et nous nous donnâmes rendez-vous pour le troisième jour.

Au moment précis marqué pour notre départ, au clair de la pleine lune, nous nous rendîmes dans un parc appartenant à l'une des personnes de la compagnie. Après que notre jeune et jolie sorcière eut fait jurer au propriétaire qu'il n'y avoit que nous dans ce parc, elle nous posta à diverses distances les uns des autres, en décrivant des cercles magiques autour de nous, et nous intimant la défense expresse de quitter notre place. Il étoit minuit moins quelques minutes. Elle se mit au milieu de nous sur un tertre élevé, se décoiffa, laissant pendre ses longs cheveux,
et

et finit par se mettre entièrement nue; alors elle ouvrit son grimoire, et prononça des mots barbares en s'agitant d'une manière effroyable. Non contente de ses enchantemens, elle s'ouvrit une veine du bras gauche, écrivit avec son sang quelques lignes sur une feuille de chêne, et la jeta en l'air en poussant trois hurlemens. Soudain nous vîmes paroître dans les nues six cavaliers vêtus de rouge, de vert, de bleu et de noir, qui vinrent voltiger au-dessus de sa tête; et s'élevant alors jusqu'à eux, elle disparut bientôt à nos regards étonnés. Nous commencions à nous impatienter de sa longue absence, lorsque le prieur nous cria d'une voix forte que, sous peine de la vie, nous restassions à nos places. Enfin nous aperçûmes encore les mêmes cavaliers planant au haut des airs, et un tourbillon rapporta en même temps la jeune sorcière, qui tomba à l'endroit d'où elle étoit partie, en nous appelant fortement à son secours. Nous y courûmes, et nous la trouvâmes dans un état affreux; le corps noir, déchiré, les yeux presque hors de la tête; il fallut l'emporter dans une petite maison du parc, où elle resta plusieurs jours entre la vie et la mort. Cet accident extraordinaire n'empêcha pas que le prieur ne m'assurât, en confidence, que le Diable avoit donné sa parole qu'à la prochaine nouvelle lune il livreroit le trésor; mais le bruit de nos recherches nocturnes et magiques se répandit, je ne sais comment, et je fus arrêté par ordre du roi, lorsque je commençois à croire que les esprits souterrains me gardoient des monceaux d'or et de diamans.

Le comte de Brederode, sans doute pour charmer les ennuis de sa prison, racontoit souvent à ses compagnons d'infortune son étrange histoire, ou plutôt son rêve.

Le 4 avril 1701, Caffareau, né à Metz, fut arrêté pour cause de libertinage, conduit à la Bastille, et quelque temps après à Vincennes, où il resta un mois et demi. Sorti de cette dernière prison, il se livra de nouveau au désordre, et attaqua dans la nuit une escouade de guet; les soldats de la police s'étant trouvés les plus forts, ils se saisirent de sa personne, le menèrent au Châtelet, d'où un ordre du roi le fit de nouveau renfermer à la Bastille.

Le 11 septembre 1701, on transféra de Vincennes à la Bastille huit prisonniers, tous accusés de fabrication de faux titres de noblesse ; savoir, les nommés de Laval, Bausy, Bourbitou, Varin, Gauthier, Falourdet, Vidal, et la demoiselle la Filandière. Le 24 septembre 1702, la chambre royale de l'arsenal condamna Laval à neuf années de bannissement hors de la vicomté de Paris ; les autres accusés furent déclarés innocens.

Avant la fin de la même année, le comte de Thunn fut arrêté à Paris, et renfermé à la Bastille en vertu d'une lettre-de-cachet. Ce seigneur, qui étoit d'une ancienne noblesse de l'Empire, étant venu en France, s'y maria avec une jeune Française d'un mérite distingué. Lors de la déclaration de guerre qui précéda le traité de paix de Ryswick, il retourna en Allemagne, ne revint en France qu'après la conclusion de ce traité, et se rendit à Paris pour y revoir sa famille, dans le dessein de la faire passer en Allemagne. Il étoit sur le point de partir, lorsque M. d'Argenson, qui avoit toujours, ainsi que ses successeurs, des lettres-de-cachet en blanc qu'il remplissoit à son gré, le fit arrêter et conduire à la Bastille. La comtesse, son épouse, ne négligea rien pour lui faire rendre la liberté. Quoiqu'il fût étranger, ce n'étoit pas un prétexte plausible pour le retenir prisonnier, puisqu'on n'étoit pas en guerre avec l'Empire. La véritable cause de son malheur venoit de ce qu'il étoit lié avec le marquis de Brurauté; ce seigneur étoit distingué par ses vertus, par son esprit et par sa charité, mais il étoit ennemi du lieutenant-général de police. Madame de Thunn parvint néanmoins à obtenir du roi même la liberté de son mari; mais comme les ordres de Louis XIV, relativement aux prisonniers d'état, étoient souvent éludés, l'artificieux d'Argenson fit écrouer ce seigneur allemand par ordre de Pontchartrain, qui ne voyoit que par les yeux de son subdélégué; en conséquence le prisonnier fut transféré au donjon de Vincennes. La comtesse de Thunn redoubla ses sollicitations pour obtenir la liberté de son mari; mais bientôt elle se vit arracher sa fille d'entre les bras, pour être traînée dans un couvent, d'où elle fut ensuite confinée elle-même à la Bastille. Son fils aîné, qui servoit alors Louis XIV dans l'armée d'Italie, ayant réclamé la liberté de sa famille, fut aussi arrêté par ordre de Pontchartrain et mis à Vincennes, sans avoir la consolation de voir son père, qu'il ne croyoit pas si près de lui. Alors les amis de cette famille infortunée eurent recours à de puissans protecteurs; la cour impériale demanda elle-même leur prompt élargissement, mais ses sollicitations ne produisirent aucun effet. Le vieux comte de Thunn mourut à Vincennes en 1713, sans savoir que son fils étoit enfermé dans le même château, et celui-ci n'eut pas la triste satisfaction d'embrasser son père mourant; il n'en apprit la mort que long-temps après, lorsqu'il fut réuni à sa mère et à sa sœur : le comte de Thunn fut enterré dans la chapelle royale de Vincennes. L'injuste persécution qu'éprouva cette famille, coûta à Louis XIV plus de cinquante mille écus.

Un autre étranger, encore plus célèbre par ses malheurs, fut enfermé à Vincennes, à-peu-près en même temps que le comte de Thunn. Voici, sur cette nouvelle victime de l'arbitraire, des détails authentiques. Jean - Baptiste de Capoue, prince de la Ricia, s'étoit déclaré, ainsi que plusieurs autres seigneurs napolitains, en faveur de la maison d'Autriche, à l'époque de la guerre pour la succession d'Espagne; il défendoit les droits de Charles III à la couronne, contre le duc d'Anjou, et avoit dessein d'enlever Naples à l'Espagne. Jaloux de la seule gloire de réussir, le prince de la Ricia ne demandoit aucune récompense à la cour de Vienne : il étoit riche de plus de deux cent mille écus de rente; mais son entreprise échoua. Le vice-roi de Naples se saisit d'une partie des conjurés. Ricia prit la fuite, se réfugia sur les frontières du royaume, dans un château qui appartenoit au pape, son parent et son ami. Il y fut enlevé en 1701 par des agens de la France, et conduit d'abord à Lyon, au château de Pierre-en-Cise, d'où il ne tarda pas à être transféré à Vincennes. Ce prince eut d'abord la liberté de manger à la table de la maréchale de Bellefonds. Quand il restoit au donjon, où il avoit fait meubler un appartement de la manière la plus riche, la maréchale lui faisoit porter la chère la plus délicate pour lui et deux domestiques qu'on lui avoit permis de conserver : l'un étoit *castra*, et chantoit parfaitement bien. Le prince avoit même la liberté de se promener dans les cours et les jardins du château, accompagné de deux officiers ou de deux soldats; mais Bernaville ayant été nommé gouverneur de cette forteresse, exigea qu'on lui permît de renfermer plus étroitement le prince de la Ricia, si on vouloit qu'il en répondît. Le prince fut alors traité comme les autres prisonniers, et réduit à l'ordinaire commun. Ricia, désespéré de ce changement, tâcha de rompre ses fers; pour cet effet, il gagna le médecin de Vincennes en lui promettant vingt mille écus, et de l'emmener en Italie. Le médecin avoit pris de si justes mesures, que l'évasion étoit presque infaillible ; le hasard, et sur-tout le défiance de Bernaville fit tout manquer. Les domestiques du prince ayant été enfermés avec lui dans le donjon, ce médecin fut contraint d'user de stratagème pour lui donner avis des moyens dont il vouloit se servir pour lui procurer la liberté. Ricia feignit d'être malade pour avoir la facilité de voir son médecin; mais comme c'étoit toujours en présence de Bernaville, ce docteur se hasarda de lui glisser le plan de l'évasion projetée : le nom des personnes qu'il avoit gagnées étoit indiqué en toutes lettres. Il mit son mémoire dans une orange qu'il donna au prince avec quelques citrons, lui prescrivant de faire de la limonade pour se rafraîchir. Un coup-d'œil du médecin, remarqué par Bernaville, fit soupçonner à celui-ci de la supercherie; il se saisit des oranges, et découvrit toute la trame. Le médecin, qui se nommoit Geubon, fut arrêté et détenu long-temps à Vincennes et à la Bastille; les domestiques de Ricia lui furent ôtés, et ce prince fut gardé plus étroitement. Lorsqu'on nomma Bernaville lieutenant de la Bastille, on y fit transférer Ricia, qui éprouva dans sa nouvelle prison une très-dure captivité. Il en sortit en 1713, à la sollicitation de la reine d'Angleterre (Anne); il eut la ville d'Orléans pour prison, et dès qu'il eût recouvré son entière liberté, l'Empereur le créa Grand d'Espagne de la première classe, promotion illusoire, puisqu'elle ne pouvoit appartenir qu'à Philippe V.

En 1702, on traduisit de Vincennes à la Bastille les nommés Chandenier, Vasse, Paradès, etc. fort *recommandés*, disent les registres manuscrits de la Bastille.

Le 31 janvier 1703 (la France étoit alors en guerre avec l'Autriche), le comte de Kunisberg, allemand, fut transféré de la Bastille à Vincennes : *il étoit convaincu d'avoir commerce avec ses parens en Allemagne.*

Delfino, génois, fut pris en 1703, sur mer, par un armateur français, avec le comte de Walstein, ambassadeur de la cour de Vienne, dont il étoit le secrétaire : il revenoit de Portugal. On pilla les plus beaux équipages de l'ambassadeur, ainsi qu'une quantité prodigieuse de vaisselle d'argent, beaucoup d'or, et une infinité de bijoux rares et précieux : on en publia en France une liste imprimée, ce qui fit courir le bruit à Paris et dans les provinces que l'amirante de Castille avoit été pris. Le comte de Walstein fut conduit au château de Blois, et peu après à Vincennes.

Quant à Delfino, il fut enfermé à la Bastille, où il fut traité avec beaucoup de dureté : un petit chien faisoit son unique amusement. Un jour que le porte-clefs avoit servi à Delfino un très-mauvais dîner, le prisonnier en demanda un meilleur, et poussa avec violence l'insolent porte-clefs hors de sa chambre. Bernaville accourut aussitôt, fit traîner au cachot le malheureux Génois, après lui avoir fait arracher des mains le joli petit chien qu'il chérissoit et auquel il avoit appris mille gentillesses. On cassa la tête de ce petit chien contre le mur, et on eut la cruauté de frotter le visage de Delfino avec le corps mort de ce pauvre animal. Delfino ne sortit de la Bastille qu'à la paix générale, qui affermit Philippe V sur le trône d'Espagne.

La querelle entre les Molinistes et les Jansénistes donna lieu vers la même époque à plusieurs détentions dans les prisons d'État, et notamment à Vincennes.

Don Thierri de Viaixnes, prêtre, bénédictin de la congrégation de Saint-Vannes, lié intimement avec le fameux Père Quesnel, qu'il avoit connu à Bruxelles, fut renfermé au donjon de Vincennes en 1703, et y resta jusqu'en 1710. L'appel qu'il interjeta au futur concile le fit remettre à Vincennes en 1714; il en sortit au mois de septembre 1715 : enfin il fut banni du royaume.

Don Gabriel Gerberon ayant publié, en 1677, un livre sur la Grace et la Prédestination, intitulé *le Miroir de la Piété chrétienne*, s'attira la haine du Père Lachaise, confesseur de Louis XIV; et bientôt une lettre-de-cachet, expédiée contre lui en 1682, l'obligea de s'enfuir en Hollande. Il se rendit à Bruxelles en 1703, et y fut arrêté le même jour que le Père Quesnel. On saisit tous ses papiers, et on l'enferma dans une chambre de l'archevêché. Il y subit plusieurs interrogatoires, et l'archevêque de Malines rendit une sentence contre lui. Il en appela à Rome; son appel y fut admis, et on établit sur les lieux un juge ecclésiastique pour connoître sa cause. Louis XIV, ayant réclamé ce religieux, on le transféra dans la citadelle d'Amiens, où on lui permit de dire la messe. En 1707, il fut amené au donjon de Vincennes; il y resta jusqu'en 1710, qu'il crut devoir signer le formulaire : mortifié néanmoins de ce que l'archevêque de Paris avoit rendu publique sa signature, il retracta tout ce qu'il avoit fait, et composa, pour se justifier, un petit écrit intitulé : *Vain triomphe du cardinal de Noailles*. Il mourut à l'abbaye de Saint-Denis le 29 mars 1711, âgé de quatre-vingt-trois ans.

Anselme de Brigode, ancien curé de Neuville, diocèse de Tournai, fut arrêté à Lille en 1705, en vertu d'une lettre-de-cachet, et conduit à la citadelle d'Amiens, sous prétexte de jansénisme. Transféré à Vincennes, les infirmités auxquelles il étoit sujet augmentèrent considérablement, et jointes aux rigueurs de cette prison, le conduisirent au tombeau. Il mourut le 16 février 1708, et fut enterré dans la sainte chapelle de Vincennes.

Les religieuses de Port-Royal se trouvèrent enveloppées dans cette persécution, qui redoubla sur-tout lors du refus qu'elles firent de signer le formulaire. La princesse de Guémené, sollicitant un jour vainement en leur faveur, ne put s'empêcher de dire au ministre Letellier : « Enfin, monseigneur, le roi fait » tout ce qu'il veut ; il fait les princes du sang, » il fait des évêques et des archevêques, et il » fera aussi des martyrs ».

L'archevêque de Paris, M. de Péréfixe, ne pouvant vaincre l'entêtement d'une de ces religieuses, et l'engager à donner sa signature, l'apostropha en termes peu mesurés, et qui étonnèrent de la part d'un prélat aussi grave ; il l'appela : « Petite opiniâtre, superbe, sans » esprit, qui vouloit se mêler de choses qu'elle » n'entendoit point ; petite pimbèche, petite » sotte, petite ignorante ».

Une d'elles, après lui avoir représenté l'injustice qu'il leur faisoit de les priver des sacremens, ajouta qu'il y avoit dans le ciel un juge suprême qui leur seroit beaucoup plus favorable : « Oui, oui, répondit l'archevêque, » quand nous y serons, nous verrons comment les choses pourront tourner. Mesdames, ajouta-t-il, vous êtes très-vertueuses; » vous êtes pures comme des anges et orgueil- » leuses comme Lucifer ». En 1664, on leur ôta leurs pensionnaires, les novices, et on dispersa douze des plus anciennes religieuses dans différentes communautés, en attendant la destruction totale de cette abbaye. Le 23 du mois d'août, l'inflexible prélat se rendit à Vincennes, où la cour étoit alors, et y fit décider ce coup de foudre contre le parti Janséniste, victoire que lui aida à remporter le Père Annat, jésuite et confesseur du roi.

Sous la régence de Philippe, duc d'Orléans, prince plus livré aux plaisirs qu'aux affaires, on vit avec étonnement des Jansénistes conduits dans les prisons d'État. Des lettres-de-cachet furent aussi décernées pour de plus graves motifs. Lors du fameux procès des princes légitimés contre les princes du sang, les ducs et pairs crurent devoir intervenir. Le corps de la noblesse suivit cet exemple. Trente-neuf personnes distinguées de ce dernier ordre, prétendant qu'une telle affaire intéressoit la nation, et ne pouvoit être jugée que par l'assemblée des États, firent signifier au procureur-général du parlement de Paris et au greffier en chef, une protestation contre tout jugement qui pourroit intervenir. Le parlement ordonna la suppression de cette pièce, comme contraire au respect dû aux cours supérieures qui représentoient le roi, et interdit l'huissier qui l'avoit apportée. Le Régent, de son côté, dont l'autorité étoit attaquée par cette protestation hardie, fit mettre à la Bastille, le 18 juin 1717, MM. de Châtillon, de Vieux-Pont et de Beaufremont, et à Vincennes, MM. de Polignac et de Clermont. Le duc de Chartres demanda et obtint leur liberté un mois après.

En 1719, le 7 janvier, quatre personnes, dont on n'a jamais su les noms, furent enfermées dans le donjon de Vincennes pour cause de la conspiration du prince de Cellamare, ambassadeur d'Espagne, et du duc et de la duchesse du Maine, contre Philippe d'Orléans, régent du royaume : ces quatre prisonniers ne furent vus de qui que ce soit. On sait qu'un grand nombre de seigneurs et des gens de tout état entrèrent dans cette conspiration, qui fut découverte par l'indiscrétion d'un secrétaire, qui, voulant s'excuser auprès de sa maîtresse d'être arrivé trop tard à un rendez-vous amoureux, lui révéla le motif de son inexactitude.

Lorsque le cardinal de Noailles vint féliciter le Régent de la découverte de cette dangereuse conspiration, il termina son compliment par ces mots : « Monseigneur, je » viens vous offrir deux épées : c'est ma fa- » mille et le clergé : je suis assuré qu'il n'y » a point d'ennemis ni dans l'une, ni dans » l'autre ».

Au commencement du règne de Louis XV, Claude Leblanc, jadis intendant de Bordeaux et de Dunkerque, secrétaire d'État de la guerre, fut accusé de malversations, et taxé à une somme de huit millions. Le 1er juillet 1723, il il eut ordre de se retirer de la cour ; et dans le mois suivant, il fut arrêté, mis à la Bastille, ensuite au donjon de Vincennes. La chambre de l'Arsénal reçut ordre d'instruire son procès. On l'accusoit d'avoir détourné à son profit des sommes considérables, dont il prétendoit n'avoir disposé que par ordre du Régent. En mars 1724, on renferma à la Bastille, pour la même affaire, le comte et le chevalier de Belle-Isle, et Moreau-de-Séchelles, maître des requêtes : ils se justifièrent pleinement et obtinrent leur liberté le 7 mai 1725, ainsi que le ministre Leblanc : il étoit resté au donjon de Vincennes pendant près de deux ans. Comme il étoit parvenu à prouver son innocence de la manière la plus satisfaisante, il fut déchargé de la taxe de huit millions ; le Roi le rétablit dans la place de secrétaire d'État de la guerre, et y joignit même celle de ministre de la marine. Il mourut le 19 mai 1728, âgé de cinquante-deux ans.

Après la mort de Louis XIV, un abbé, nommé de Margon, d'une bonne famille du Languedoc, fils d'un colonel de dragons, brigadier des armées du roi, offrit ses services au Régent, pour lui révéler, disoit-il, des vérités importantes. Il en obtint une pension de mille écus.

Il commença par être l'espion du cardinal Dubois contre M. le Duc (Bourbon-Condé) et contre le ministre Leblanc.

A la mort du Régent, l'abbé de Margon se fit l'espion de M. le Duc contre le ministre de la guerre, le maréchal de Bezons, M. d'Omberval, et Hérault, lieutenant-général de police. Il se joignit à un autre intrigant tel que lui, nommé Arnaud-de-Rouez, maître des requêtes, qui ambitionnoit la place de lieutenant-général de police.

L'abbé de Margon devint le délateur du ministre Leblanc, et il déposa contre lui, servant tour-à-tour les différens partis de la cour, suivant qu'il y trouvoit son intérêt. Mais sa duplicité ayant été découverte, il fut arrêté et conduit à Vincennes en avril 1724, où il resta plusieurs mois. Pendant qu'il y étoit prisonnier, Arnaud-de-Bouex le voyoit fort souvent, et lui faisoit composer des libelles et brevets de la calotte (1), tant contre ceux qui étoient opposés à M. le duc de Bourbon et à l'ancien évêque de Fréjus, depuis cardinal de Fleury, que contre le ministère même de M. le Duc.

Arnaud-de-Bouex étoit alors porteur d'un ordre du roi, qui lui donnoit l'entrée des châteaux de la Bastille et de Vincennes, et le pouvoir d'y interroger tous les prisonniers selon qu'il le jugeroit à propos : c'étoit M. le Duc qui lui avoit fait expédier cet ordre, à cause de la défiance qu'Arnaud-de-Bouex avoit su lui inspirer contre M. d'Omberval, et ensuite contre M. Hérault, lieutenant-général de police.

En 1726, l'abbé de Margon fut arrêté pour la seconde fois; ses papiers découvrirent les coupables manœuvres d'Arnaud-de-Bouex. M. le Duc en fut aussitôt instruit par le lieutenant de police, et il fit expédier à ce ma-

---

(1) Ordre imaginaire, qui fournissoit le prétexte aux poètes du temps de faire des satires malignes en vers burlesques, sous prétexte de nomination à des grades dans cet ordre chimérique.

gistrat, le 25 février 1726, un ordre du roi pour aller faire perquisition des papiers de ce maître des requêtes. Il y eut aussi une lettre-de-cachet de la même date, qui enjoignoit à d'Arnaud-de-Bouex de se retirer à Angoulême. Hérault se transporta chez lui, à l'hôtel de Hollande, Vieille rue du Temple, où de Bouex avoit déjà établi différens bureaux pour l'administration et le travail de la police, se flattant qu'il alloit être chargé de la conduite en chef. Hérault ayant trouvé le commandant du guet chez cet intrigant, à qui il faisoit la cour, croyant le voir bientôt en place, lui ordonna de signifier à l'instant au sieur Arnaud-de-Bouex la lettre-de-cachet qui l'exiloit à Angoulême : ce que le commandant du guet fut contraint de faire. Ce maître des requêtes, si bassement ambitieux, ne tarda pas à recevoir l'ordre de vendre sa charge.

Quant à l'abbé de Margon, qui avoit participé à la même intrigue, on le renferma à la Bastille le 18 février 1726; il en sortit le 9 avril de la même année, pour être transféré à l'abbaye de Pont, ensuite à l'abbaye de Loc-Dieu, diocèse de Villefranche de Rouergue; et finalement on le retira de cette retraite pour être conduit et séquestré aux îles Sainte-Marguerite.

Il étoit l'auteur de plusieurs libelles contre les personnes employées aux affaires du Roi et de l'État. C'étoit un homme d'esprit, assez bon poète, mais trop enclin à la satire, d'un caractère méchant, ami de l'intrigue, des tracasseries, et capable de tout pour de l'argent.

Un autre abbé, le célèbre Lenglet Dufresnoy, né à Beauvais en 1674, ne se mêloit pas seulement de littérature, mais il s'immisçoit encore dans les affaires de l'État. Habile dans la politique et dans la diplomatie, il fut employé avec succès dans diverses cours par le marquis de Torcy, ministre des affaires étrangères. Chargé de la correspondance secrète de Bruxelles et de Hollande, il découvrit les trames de plusieurs traîtres que les ennemis avoient su gagner en France, et notamment le complot d'un capitaine des portes de Mons, qui devoit livrer aux ennemis, moyennant cent mille piastres, non-seulement la ville, mais encore les électeurs de Cologne et de Bavière, qui s'y étoient retirés. Le traître fut convaincu, et il subit la peine due à son crime. L'abbé Lenglet rendit encore des services dans le même genre lorsque la conspiration du prince de Cellamare fut découverte. On ignoroit le nombre et le dessein des conjurés. L'abbé Lenglet fut choisi par le ministère pour pénétrer cette intrigue. Le Roi le gratifia dès-lors d'une pension; mais son amour pour l'indépendance étouffa dans son cœur la voix de l'ambition, et son esprit inquiet le fit renfermer au moins cinq fois de suite à la Bastille, depuis 1718 jusqu'en 1751, et dans le donjon de Vincennes, en 1725.

La première fois, le 28 septembre 1718, pour avoir présenté un mémoire manuscrit à M. le Duc (Bourbon-Condé), afin d'engager ce prince à demander le commandement de la maison du Roi, et ne sortit de la Bastille que le 24 décembre 1719. Il fut enfermé en juin 1725 au donjon de Vincennes, pour avoir composé un mémoire trop peu mesuré au sujet de l'affaire de M. Leblanc, ministre de la guerre.

La Bastille devint ensuite la prison habituelle de l'abbé Lenglet Dufresnoy ; il y retourna au mois de mars 1740, pour avoir fait imprimer un ouvrage malgré les défenses du chancelier.

Il y revint le 7 janvier 1750, pour avoir publié un almanach où il faisoit l'éloge de la maison de Stuart, et établissoit que le prince Edouard étoit le légitime héritier de la couronne d'Angleterre, dont le roi George avoit été l'usurpateur.

Enfin la cinquième et dernière fois, le 25 décembre 1751, le Gouvernement lui reprochoit d'avoir écrit une lettre peu mesurée au contrôleur-général des finances.

L'abbé Lenglet ne sut jamais profiter des circonstances heureuses que la fortune lui offrit, ou des protecteurs puissans que son mérite et ses services lui acquirent ; il voulut écrire, penser, agir et vivre librement ; il refusa tous les avantages qui lui furent proposés : *liberté, liberté*, telle étoit sa devise. Dans ses dernières années même, où son grand âge sollicitoit pour lui un loisir doux et tranquille, il aima mieux travailler et rester seul dans un logement obscur, que d'aller demeurer avec une sœur opulente qui l'aimoit et qui lui offrit chez elle, à Paris, un appartement, sa table et des domestiques pour le servir. Toutes ses études étoient tournées du côté des siècles passés; il en affectoit jusqu'aux usages gothiques. Il vouloit, disoit-il, être *franc Gaulois* dans son style comme dans ses actions. Il écrivoit avec une hardiesse et une liberté qu'il poussoit jusqu'à l'excès : c'est ce qui lui attira tant de querelles avec les censeurs royaux ou examinateurs de ses manuscrits. Il ne pouvoit souffrir qu'on lui retranchât une seule phrase, et il ne manquoit pas de rétablir à l'impression tout ce qui lui avoit été rayé. Il avoit pris pour ainsi dire l'habitude d'être renfermé à la Bastille ou à Vincennes. Un exempt, nommé Tapin, étoit ordinairement chargé de venir lui signifier les ordres du Roi, quand l'abbé Lenglet le voyoit entrer; il ne lui donnoit pas le temps d'expliquer sa commission, et prenant le premier la parole : *Ah! bon jour, monsieur Tapin*

Allons vite, disoit-il à sa gouvernante, *mon petit paquet, du linge, du tabac*; et il alloit gaiement à la Bastille avec M. Tapin.

Parvenu à l'âge de quatre-vingt-deux ans, il périt d'une manière funeste, le 16 janvier 1755. Rentré chez lui sur les six heures du soir, et s'étant mis à lire un livre nouveau, il s'endormit et tomba dans le feu. Ses voisins accoururent trop tard pour le secourir; il avoit presque la tête toute brûlée lorsqu'on le retira du feu. C'est un des écrivains les plus laborieux et les plus féconds du dix-huitième siècle.

CHAPITRE XXVII.

Emprisonnement du curé du village de Vincennes ; de Titon, conseiller au parlement de Paris ; de Gaspard Terrasson, Oratorien ; de Desessart, prêtre ; de Pierre Boyer, de l'Oratoire ; de Jourdain, Oratorien ; de Nicolas Cabrisseau, curé de Rheims ; de Crébillon fils ; de Ange Reboul, Carme ; de Pierre Vaillant, fameux Janséniste ; de deux fils naturels des derniers ducs de Vendôme ; de quelques auteurs d'écrits satiriques ; de Diderot et du prince Édouard, fils du prétendant au trône d'Angleterre.

Nous avons vu le marquis de Chavigny, gouverneur du château de Vincennes, être lui-même renfermé dans la prison d'état dont il étoit le principal gardien ; ne soyons donc pas surpris d'y voir le curé du village de Vincennes. Cet ecclésiastique, nommé Morvaut, fut arrêté, disent les registres, pour avoir donné des avis *outrés* contre les Jansénistes. Un intrigant bien digne d'être comparé à Arnaud-de-Bouex, et maître des requêtes comme lui, le sieur de Bonnel, dans ses démarches souterraines et tortueuses pour parvenir au ministère, proposoit au gouvernement de détruire le Jansénisme, et lui présentoit à cet effet les projets les plus plausibles, n'ignorant pas que le cardinal de Fleury avoit cette affaire à cœur. Mais, sous prétexte du plus grand secret, Bonnel ne vouloit pas que M. Hérault, lieutenant-général de police, en fût instruit, croyant ainsi miner la confiance que l'on avoit en ce magistrat, et espérant le supplanter. Le cardinal accepta le projet de Bonnel, qui choisit pour son agent, dans l'affaire du Jansénisme, le curé de Vincennes, afin d'espionner et de faire arrêter tous ceux de ce parti ; il l'engagea à les peindre sous les couleurs les plus noires, et à présenter au cardinal de Fleury un mémoire dans lequel on établiroit que les Jansénistes avoient formé un complot contre ce ministre. Cette intrigue ayant enfin été dévoilée, le curé de Vincennes, qui s'étoit déjà fait donner une abbaye, fut entraîné dans la chute de Bonnel; on le renferma quelque temps au donjon, et ensuite à la Bastille.

En 1740, un chanoine de la Sainte-Chapelle de Vincennes, nommé Planchon, et l'abbé Duffart, prêtre et théologal de Bayeux, furent renfermés au donjon pour manœuvres relatives au Jansénisme dans le chapitre de Saint-Maur près Vincennes.

Le Roi voulant faire cesser les querelles indécentes et funestes du Jansénisme, fit défense expresse au parlement de Paris de connoître d'aucune affaire ecclésiastique sans sa permission. Le parlement délibéra sur ces défenses; et il arrêta qu'attendu qu'elles attaquoient son essence, il ne pouvoit continuer ses fonctions tant qu'elles subsisteroient. L'abbé Pucelle et Titon, conseillers, qui avoient opiné avec le plus de force en cette occasion, furent enlevés en vertu de lettres-de-cachet, le 31 mai 1732, et conduits, l'un à son abbaye, et l'autre au donjon de Vincennes. Le parlement cessa aussitôt ses fonctions. Tous les membres résolurent de se démettre de leurs charges; mais le Roi refusa d'accepter ces démissions, et remit en liberté les deux conseillers. Les troubles n'en continuèrent pas moins, tellement que le 7 septembre de la même année, tous les présidens et conseillers des chambres des enquêtes et requêtes furent exilés par lettres-de-cachet.

Gaspard Terrasson, prêtre de l'Oratoire, appelant de la bulle *unigenitus*, et célèbre prédicateur, s'étoit acquis la confiance du cardinal de Noailles, qui le chargea, en 1717, de réformer la maison de Port-Royal de Paris. Le Père Terrasson prêcha dans cette capitale pendant cinq années, et eut toujours un auditoire nombreux; mais enfin M. de Vintimille crut devoir l'interdire. Il demeuroit à Saint-Magloire, et étoit un des directeurs du séminaire, lorsque, se voyant en butte aux persécutions du nouvel archevêque, il se détermina à se retirer à Auxerre : M. de Caylus lui donna la cure de Treigni. Il faisoit beaucoup de bien dans sa paroisse, lorsqu'au mois d'octobre 1735, il fut arrêté par ordre du Roi, sous prétexte qu'il recevoit des convulsionnaires. Traîné ignominieusement dans une charrette, il fut mis à Vincennes et y fut resserré avec beaucoup de rigueur. On ne l'en fit sortir en 1744, que pour le séquestrer chez les Minimes d'Argenteuil, où il éprouva des vexations inouies : ses amis ne purent obtenir la permission de le voir, ni de lui faire passer des consolations d'aucun genre. Rendu enfin à sa famille, il mourut dans les bras de ses proches, le 2 janvier 1752, âgé de quatre-vingt-cinq ans.

Marc-Antoine des Essarts, sous-diacre, né à Paris, eut à-peu-près le même sort. Son entêtement à professer les principes du Jansénisme le fit mettre à la Bastille. En 1730, il en sortit; il menoit chez sa mère une vie tranquille et privée, lorsque, le 28 octobre 1735, sur de nouvelles délations, on le conduisit d'abord au donjon de Vincennes, puis à la Bastille; il en sortit le 28 mars 1738.

Pierre Boyer, de l'Oratoire, avoit la confiance intime de M. de Langle, évêque de

Boulogne; il l'accompagna à Calais dans la visite épiscopale qu'il y fit à son retour de Paris, où il avoit publié son appel. Le peuple, animé par les Jésuites et les Minimes, reçut ce prélat avec des injures et des clameurs séditieuses. Le Père Boyer monta en chaire pour tâcher d'apaiser les mutins, et de leur faire entendre raison : son exhortation fut si modérée, si insinuante et si persuasive, que tout le monde ne put retenir ses larmes. Les plus emportés témoignèrent leur repentir, et crièrent hautement qu'ils n'avoient point d'autres sentimens que ceux de leur évêque. Boyer demeuroit, en 1718, dans la maison de l'Oratoire de Notre-Dame-des-Vertus, lorsqu'il fut invité à la cérémonie d'une profession chez les Carmélites de Saint-Denis. Un capucin qui alloit prêcher, ayant pris pour texte *requiescat in pace*, le Père Boyer répondit tout haut *amen*. Le capucin, déconcerté, fut obligé de descendre de chaire; on s'en prit au Père Boyer, et on le força, pour ainsi dire, de prendre la place du capucin, dont on fut bien dédommagé par le sermon qu'il fit sans être préparé, et qui fut extrêmement goûté. Après avoir été exilé à Rhodes, transféré à l'abbaye de Solignac en Limosin, il reçut l'ordre de se retirer à Effiat en Auvergne, dans une maison de sa congrégation, et enfin au mont Saint-Michel; et il obtint sa liberté par la protection de madame de Bourbon, abbesse de Saint-Antoine. Mais en 1739, on vint se saisir de sa personne, et on le mena au donjon de Vincennes. Il fut assez bien traité; mais comme il étoit d'un caractère très-vif, la privation de sa liberté et la longueur de sa détention, qui dura quatorze années, affoiblirent considérablement ses organes. Il mourut à Vincennes le 18 janvier 1755, âgé de soixante-dix-huit ans.

Jourdain, ancien prêtre de l'Oratoire, menoit une vie fort retirée dans Paris, lorsque, vers la fin de 1742, la police vint faire chez lui une perquisition. Elle auroit été infructueuse sans un portrait de l'évêque de Sénez, qu'un exempt voulut enlever. Jourdain s'y étant opposé, parce qu'il avoit, disoit-il, été guéri miraculeusement par son intercession,

c'en

c'en fut assez pour l'arrêter et le conduire chez Marville, lieutenant-général de police, qui le jugea coupable. Mené d'abord à la Bastille, on le transféra ensuite à Vincennes; mais sa santé s'étant extrêmement dérangée, on le ramena à sa première prison. Ses infirmités y augmentèrent à tel point, qu'on en fut touché; on lui accorda sa liberté, avec ordre de se retirer à Auxerre: il y mourut le 4 février 1743.

Nicolas Cabrisseau, curé de Saint-Étienne de Rheims, se vit obligé de s'exiler à trente lieues de Paris. Il y devint chapelain des Hospitalières du fauxbourg St.-Marceau, jusqu'à l'avénement de M. de Vintimille, qui jugea à propos de l'interdire pour cause de Jansénisme. Alors il vécut dans une profonde retraite, s'occupant à composer des ouvrages de piété. Bellefonds, nouvel archevêque, le découvrit dans l'obscurité de son asyle, le fit arrêter par ordre du Roi, et conduire au donjon de Vincennes en 1746; il y fut renfermé pendant quatre mois sans encre ni papier: exilé à Tours, il y mourut subitement.

Vers 1734, Claude-Prosper Joliot-de-Crébillon, fils du poëte tragique, fut arrêté et mis au donjon de Vincennes, pour avoir publié son roman intitulé : *Tanzaï et Néardané*, où les mœurs corrompues de son temps sont peintes d'après nature. Il arrive au donjon ; à peine est-il endormi, qu'il est réveillé tout-à-coup par quelque chose de chaud qu'il sent à son côté ; il tâte, et trouve un corps velu qu'il croit être un chat, qu'il chasse machinalement, et il s'endort. Le lendemain, à son lever, son premier soin est de chercher le chat ; il les aimoit, et s'en promettoit, pendant sa prison, une espèce d'amusement. Mais sa recherche se trouvant infructueuse, il espère du moins que la nuit suivante cet animal, probablement échappé par quelque issue qu'il ignore, pourra le venir retrouver au lit, où il se promit de le mieux accueillir.

Le moment du dîner arrive : le prisonnier mangeoit avec d'autant plus d'appétit, qu'il n'avoit pu souper la veille. Il entrevoit bientôt au bout de la table, un animal assis sur ses pattes de derrière comme un singe, et qui, tranquillement, le regardoit manger. L'obs-

curité de sa chambre l'empêchant de bien discerner les objets, il imagine d'abord que c'est son compagnon de lit si regretté, qu'il avoit enfin le plaisir de revoir. Pour se l'attacher davantage, il le caresse de la voix, lui fait part des débris de son dîner, et le trouve docile au point qu'il croit pouvoir s'aventurer à avancer la main pour achever de l'amadouer. L'animal fit alors un mouvement qui mit en évidence une queue mince et fort longue : Crébillon reconnoît qu'il a pris pour un chat un rat des plus énormes. A cet aspect, l'extrême antipathie que notre auteur avoit pour l'espèce souricière, lui fit pousser un cri si perçant, en renversant la table, qu'un porte-clefs, qui par hasard n'étoit pas loin, se hâte d'accourir, et vit avec surprise le détenu pâle et tremblant. Informé de ce qui occasionnoit une telle frayeur et le bruit qu'il avoit entendu, le geolier se mit à éclater de rire :
« Calmez-vous, Monsieur, lui dit-il enfin,
» et pardonnez à mon étourderie, qui m'a
» fait oublier de vous prévenir au sujet de
» l'animal dont il s'agit. Votre prédécesseur,

» dans cette chambre, qu'il a très-long-temps
» habitée, l'avoit insensiblement apprivoisé,
» au point non-seulement de le faire manger
» avec lui, mais même de le souffrir dans
» son lit. J'ajouterai que cela me sembloit si
» plaisant, que je voulus essayer à mon tour
» d'apprivoiser cet énorme rat, et vous allez
» juger si j'y suis parvenu. Voilà son trou
» que vous n'avez pas encore aperçu; appro-
» chez, et voyez-moi procéder à un tête-à-
» tête avec mon nouvel ami. » Alors le porte-
clefs appelle *Raton*, et l'invite à venir se ré-
galer d'un morceau de viande qu'il tenoit à
la main. Aux accens de cette voix, Raton
montre d'abord sa tête, et bientôt recon-
noissant l'homme avec lequel il est familier, il
lui saute légèrement sur l'épaule, et y gruge
le morceau qui lui est offert.

Depuis ce moment, Crébillon sentit s'é-
teindre l'extrême aversion qu'il avoit toujours
eue pour les rats, tellement que celui-ci devint son commensal; à l'article du lit près,
il lui laissa reprendre avec plaisir tous les
droits et privautés dont il jouissoit sous son

prédécesseur. Sans l'attachement que cet animal avoit pour le porte-clefs, Crébillon n'eût pas manqué, en quittant Vincennes, où il ne fit pas un long séjour, d'emporter Raton avec lui dans une cage.

Crébillon fils naquit en 1707, et mourut en 1777. Son père s'étoit fait remarquer par un pinceau mâle et vigoureux; le fils brilla par les grâces, la loyauté, la causticité maligne de sa conversation et de ses écrits : il pourroit être surnommé le Pétrone de la France, comme son père en est l'Échyle. Le fils a tracé du pinceau le plus délicat et le plus vrai, les raffinemens, les nuances, et jusqu'aux grâces de nos vices; cette perversité de principes, déguisée et comme adoucie par le masque des bienséances; enfin nos mœurs tout-à-la-fois corrompues et frivoles, où l'excès de la dépravation se joint à l'excès du ridicule. Dans tous ses romans, le dessein est préférable au coloris. Crébillon fils n'eut d'autre place que celle de censeur royal; il vécut avec son père comme un ami et un frère.

Voici un moine qui auroit bien voulu secouer le joug de l'obéissance. Le Père Ange Reboul, Carme, fut enfermé à Vincennes en 1748, parce qu'il s'étoit pourvu, au parlement, contre ses supérieurs qui l'envoyoient par obédience au couvent des Carmes de Moulins, et contre l'ordre du Roi, qui sanctionnoit l'obédience.

Nous allons encore faire mention d'un Janséniste qui joua un très-grand rôle parmi les sectaires de la grace efficace. Pierre Vaillant, prêtre du diocèse de Troyes, natif de Marcy-sur-Seine, étoit un ecclésiastique vertueux ; mais, pour son malheur, appelant de la bulle *unigenitus*. Fameux dans le parti Janséniste, il n'échappa point à la vengeance des Jésuites ; ils le tinrent dans les cachots de la Bastille depuis 1728 jusqu'à l'année 1731. Il s'y vit de nouveau renfermé en 1734. Il se mêloit aussi d'écrire des *nouvelles ecclésiastiques*, et colportoit et distribuoit tous les imprimés relatifs aux affaires du temps. Il figura dans les premiers rangs des convulsionnaires de St.-Médard, et prétendit éprouver par lui-même les miracles du diacre Pâris.

Des fanatiques, ou des personnes très-crédules, débitèrent que le prêtre Vaillant étoit le prophète Élie, descendu depuis peu sur la terre; qu'il étoit à la Bastille, mais qu'il en sortiroit miraculeusement. Les partisans de cet ecclésiastique étoient en grand nombre; on les appeloit les *Vaillantistes*. Les vexations qu'on exerçoit envers ce pauvre prêtre, jointes à ses austérités, lui avoient troublé l'imagination : il crut lui-même, pendant quelque temps, qu'il étoit effectivement le prophète Élie. Il s'attendoit à se voir enlever au premier jour dans un tourbillon de feu, et il l'annonçoit bonnement aux officiers de la Bastille. Le 26 janvier 1739, le feu prit à sa cheminée; il s'imagina être à l'instant de son enlèvement au ciel; mais l'incendie s'éteignit, et il demeura sous les verroux comme à l'ordinaire. Alors il se crut obligé de déclarer très-sérieusement à M. Hérault, lieutenant-de-police, que lui, Vaillant, n'étoit en aucun sens le prophète Élie, qu'il ne le représentoit point, et qu'il n'avoit même aucune mission pour l'annoncer, agir, ni parler en son nom.

La longueur de sa prison avoit affoibli son esprit. Il entre un dimanche à la chapelle pour entendre la messe, s'empare des ornemens, passe l'aube, met la chasuble et commence la messe. On appela du secours ; le major arrive à la hâte, veut interrompre ce nouveau célébrant qui continue toujours ; l'officier s'oppose aux prières, Vaillant résiste, et les deux champions se prennent au collet. Cette scène priva pour jamais le prisonnier d'assister à la messe ; il fut transféré dans la suite au donjon de Vincennes, où il mourut.

Dans une des listes de la *Bastille dévoilée*, on trouve ce paragraphe : « L'abbé Vaillant,
» Janséniste, chef de la secte des *Élisiens*.
» Cette secte de Jansénistes vouloit le faire
» passer pour le véritable prophète Elie, qui
» étoit venu sur la terre pour la conversion
» des Juifs et la réprobation de la cour de
» Rome. Il fut transféré à Vincennes après
» trente-deux ans de séjour à la Bastille. »

Il est probable que c'est le même Pierre Vaillant dont nous venons de parler : alors il auroit été transféré à Vincennes en 1746.

En 1757, étant tombé malade, il refusa de se confesser à l'aumônier du donjon; il fallut avoir recours au curé de Fontenay-aux-Bois, près Vincennes. Le lieutenant-général de police d'alors, M. Bertin, dans sa lettre datée du 22 décembre 1757, dit à ce sujet : « Le » trésorier de la Sainte-Chapelle ne peut pas » se blesser de la circonstance, attendu que » la confession est libre. »

Un autre Janséniste, renfermé pareillement à la Bastille, se rendoit aussi fameux ou tout aussi ridicule à la même époque. Il se nommoit Alexandre d'Arnaud, étoit ex-Oratorien, et se disoit le prophète Énoch.

Ce fut encore en 1748, qu'on mit à la Bastille un fils naturel de Louis-Joseph, duc de Vendôme, le même qui s'étoit couvert de gloire en Italie et en Espagne. Ce jeune homme étoit soupçonné d'être l'auteur d'une brochure satirique intitulée *les Trois Maries*, dirigée contre les trois sœurs Mailli, qui avoient été successivement maîtresses de Louis XV. L'imprudent écrivain fut dans la suite transféré à Vincennes; il y termina ses jours après une longue détention.

Le duc de Vendôme, son père, lui avoit laissé en mourant plusieurs malles remplies de papiers concernant les opérations militaires dont il avoit été chargé, et le détail des siéges et des batailles où il avoit commandé. Lorsqu'on vint arrêter le jeune homme, on se saisit de ces papiers précieux, et on les déposa dans les archives souterraines de la Bastille; ils y restèrent un grand nombre d'années, livrés à l'humidité et à la dent vorace des rats. Vendôme, généralissime des armées françaises, immortalisé en Italie et en Espagne, ne se doutoit guère en mourant que les mémoires, pièces et papiers relatifs aux principales actions de sa vie, étoient destinés à pourrir dans les cachots de la Bastille. (1)

Le duc de Vendôme mourut en 1712, en Espagne, à Vignaros, d'une indigestion, âgé de cinquante-huit ans. Quand on vit que sa maladie étoit sans ressource, tout ce qui étoit

---

(1) Ils furent transférés, en 1787, par ordre du baron de Breteuil, dans le dépôt des manuscrits de la bibliothèque du roi.

autour de lui l'abandonna, tellement qu'il se trouva entre les mains de trois ou quatre des plus bas valets, tandis que les autres pilloient tout dans les appartemens, et s'en alloient. Il passa ainsi les deux ou trois derniers jours de sa vie sans prêtre, sans qu'il fût seulement question d'en parler, sans autre secours que d'un seul chirurgien.

Son frère, le Grand-Prieur de Malte, laissa aussi un fils naturel nommé le chevalier de Bellerive, qui ne fut pas plus heureux que celui dont nous venons de parler. Il étoit ancien capitaine de dragons, lorsqu'on le renferma à la Bastille en 1749, pour des propos indiscrets contre le Roi, contre madame de Pompadour et les ministres : on croit qu'il a péri dans sa prison.

Il y eut encore d'autres victimes renfermées à Vincennes en 1748, à l'occasion des maîtresses de Louis XV. Laroche-Gevault, natif de la province de Galles en Angleterre, fut arrêté dans Amsterdam, par ordre du marquis de Bonnai, embassadeur de France à la Haye, et conduit à Vincennes, comme auteur d'une brochure intitulée *la Voix des persécutés ;* pamphlet qui déplaisoit à madame de Pompadour.

Le chevalier de Langoula fut aussi renfermé à Vincennes en 1748, parce qu'il avoit été reconnu pour l'auteur de quatre lettres anonymes, qui avertissoient la marquise de Pompadour que le duc d'Aiguillon *la détrôneroit.*

Enfin, il y avoit au donjon, en 1748, Tilloy-des-Noyettes, pour avoir signé, comme avocat, un mémoire qu'improuva le Grand-Conseil.

Il n'est pas étonnant que les auteurs qui jouissent d'une grande réputation, soient quelquefois dans le cas de déplaire au Gouvernement, soit par le sujet de certains ouvrages, soit par des traits dont ils ne prévoient pas toujours les conséquences. Les *Pensées philosophiques* attirèrent de violens chagrins au célèbre Diderot. Mais les persécutions suscitées pour cet ouvrage n'eurent point de suites fâcheuses. Il n'en fut pas de même de la *Lettre sur les aveugles,* qui n'avoit pourtant de repréhensible que quelques traits personnels, dont MM. Dupré-de-Saint-Maur et l'illustre Réaumur (1) furent choqués.

Les plaintes qu'ils en portèrent firent mettre Diderot au donjon de Vincennes en 1749. Au bout de quelques jours il sortit du donjon, et on lui donna le château et le parc pour prison sur sa parole, avec permission de voir ses amis, au nombre desquels étoient alors D'Alembert et J. J. Rousseau.

On prétend que l'Académie française étoit si ombrageuse sur l'honneur des gens de lettres qui se proposoient pour entrer dans son sein, qu'elle refusa une place parmi ses membres à Diderot, parce qu'il avoit été quelque temps enfermé à Vincennes. Cependant le séjour forcé de Bussi-Rabutin et de Voltaire à la Bastille, ne fut point une cause d'exclusion pour l'écrivain ni pour le grand poète.

Les instances réitérées faites au prince Édouard, fils aîné du Prétendant, de la part de

---

(1) Auteur de plusieurs ouvrages estimés relatifs à l'Histoire naturelle.

la Cour, pour l'engager à sortir du royaume et à se conformer aux intentions du Roi, n'ayant produit aucun effet, il fut enfin résolu de le faire arrêter : ce qu'on exécuta le 10 décembre 1748.

Ce prince s'étant rendu ce jour-là à l'Opéra, fut environné à la descente du carosse par un détachement des Gardes; M. de Vaudreuil, major desdits Gardes, s'étant présenté, lui montra l'ordre du Roi, et lui demanda son épée, que le prince lui remit sans aucune difficulté. Il fut ensuite conduit au château de Vincennes, où il resta jusqu'à ce qu'il se déterminât sur le choix de l'endroit où il vouloit fixer sa résidence. En attendant, on porta au château de Vincennes un détachement de cinquante hommes pour le garder. Plusieurs personnes de sa suite furent pareillement arrêtées et envoyées à la Bastille.

Immédiatement après l'arrestation de ce prince, on dépêcha un exprès à Rome pour en informer le chevalier de Saint-Georges, et des motifs qui avoient engagé la Cour à s'assurer de sa personne. Ce ne fut qu'à la réponse de cet exprès qu'on fit partir le prince Edouard. En attendant, il resta au château de Vincennes, où des officiers de la maison du Roi le servirent avec le plus grand soin. En sortant de sa prison, il resta deux jours à Fontainebleau; il en partit accompagné de deux capitaines des Gardes-françaises. Il prit la route de Lyon, passa par la Provence, et s'embarqua à Marseille pour se rendre à Rome.

CHAPITRE XXVIII.

Détention de Henri Masers de Latude, en 1749.

Nous allons entretenir nos lecteurs d'un prisonnier d'Etat, dont la longue captivité et les souffrances inouies doivent attendrir les cœurs sensibles, et dont l'industrie plus qu'humaine pour s'évader de la Bastille, prouve que l'homme est capable de vaincre les plus grands obstacles, sur-tout pour se procurer la liberté.

Latude, âgé de vingt-deux à vingt-trois ans, isolé et sans fortune à Paris, crut trouver un moyen de s'avancer en intéressant à son sort la marquise de Pompadour, maîtresse de Louis XV; il usa d'un stratagême qui ne lui réussit point, et qui le fit même paroître coupable. Il fut mis à la Bastille ; de là successivement renfermé à Vincennes, à Charenton et à Bicètre, ainsi que nos lecteurs vont le voir dans un récit rapide, extrait des différens mémoires qu'il a publiés.

On trouve dans les registres de Vincennes cette note inexacte ou infidèle sur Latude que nous placerons ici avant d'entrer en matière, parce qu'elle contient quelques détails curieux. « Le sieur Jean Daury Latude a été employé » dans les campagnes de Flandres en 1747 et » 1748, en qualité de garçon chirurgien. Se » trouvant à Paris au mois de mars 1749, » âgé de vingt-deux ans, et réduit à une ex- » trême misère, sans argent et sans ressource, » il avoit prié sa mère, résidant en Langue- » doc, de lui faire passer quelques secours; » la réponse qu'il en reçut n'ayant rien de » satisfaisant, il étoit prêt à se livrer au dé- » sespoir, lorsqu'il lui vint l'idée de se faire, » auprès de madame de Pompadour, un mé- » rite d'un avis qu'il se proposa de lui donner » comme si ses jours étoient en danger. En » conséquence il imagina d'acheter une petite » boîte, de mettre dans le fond quatre de ces » petites bouteilles que les marchands de ba- » romètre vendent aux enfans, et qui crèvent

» dans la main avec explosion, et d'adapter
» à chacune un bout de fil ; ensuite il les cou-
» vrit d'un mélange de poudre à poudrer,
» d'alun et de vitriol en poudre. Il ferma la
» boîte et lia les quatre bouts de fil, de façon
» à ce qu'elle ne pût s'ouvrir sans faire briser
» les petites bouteilles et produire une ex-
» plosion plus effrayante par la fumée que dan-
» gereuse par l'effet. Il mit cette boîte dans
» une autre sur laquelle il écrivit : *Je vous
» prie, Madame, d'ouvrir le paquet en par-
» ticulier.* Il fit ensuite une enveloppe en pa-
» pier, et mit pour inscription : *A Madame
» la Marquise de Pompadour, en Cour.* Il
» porta ce paquet à la poste le 28 avril 1749,
» à huit heures du soir ; il partit ensuite pour
» Versailles, y arriva à minuit ; et ne pou-
» vant parler *à Madame,* il dit à son valet-de-
» chambre qu'il venoit la prévenir qu'elle re-
» cevroit une boîte contenant un poison sub-
» til ; qu'il en avoit entendu le complot aux
» Tuileries formé par deux particuliers. Il fut
» arrêté le 29 avril 1749, par le sieur Vinfrais,
» et conduit chez M. Berrier, qui l'envoya à

» la Bastille. Il peut avoir de quarante-huit à
» quarante-neuf ans, et a beaucoup coûté au
» Roi par ses évasions. » (Il coûta 217,000
livres.)

Latude naquit le 23 mars 1725, au château de Craiseilh, près de Montagnac en Languedoc, dans une terre appartenante au marquis de Latude, son père, chevalier de l'ordre royal et militaire de saint Louis, lieutenant-colonel du régiment d'Orléans-Dragons (1), mort lieutenant du Roi à Sedan.

Le jeune homme annonça des dispositions et un goût décidé pour les mathématiques; ses parens s'appliquèrent à favoriser une telle inclination, et le firent entrer dans le Génie. A l'âge de vingt-deux ans, son père l'adressa à l'ingénieur en chef de Berg-op-Zoom, son ami par-

---

(1) Il est étonnant qu'un lieutenant-colonel du régiment d'Orléans-Dragons n'ait pas réclamé et obtenu la protection du premier prince du sang pour retirer un fils unique des prisons d'état, où il n'étoit retenu que pour une étourderie de jeunesse. Latude n'auroit-il pas exagéré la naissance, les grades et les places de son père?

ticulier. Celui-ci l'accueillit, le reçut en qualité de surnuméraire, et lui fit prendre l'uniforme: il alloit être en pied, lorsque la paix de 1748 fut conclue. Le père du jeune Latude voulut que son fils mît à profit cet instant de repos; il l'envoya à Paris pour suivre ses cours de mathématiques, et achever son éducation. Le jeune Latude désiroit vivement de parvenir; il éprouvoit le tourment que cause cette activité inquiète à ceux qui brûlent de jouer un rôle brillant, et qui prennent pour du talent l'agitation de leur esprit. Mais, pour satisfaire les élans de son ambition, il lui falloit de puissans protecteurs. Il imagina d'avoir recours à la marquise de Pompadour, toute-puissante auprès de Louis XV, et de persuader à cette dame que deux inconnus, dont il avoit, disoit-il, entendu la conversation au jardin des Tuileries, se proposoient de l'empoisonner par une poudre renfermée dans une boîte qu'ils lui envoyoient par la poste. Sans trop réfléchir aux suites que pouvoit avoir ce projet, aussi hardi que dangereux, il adressa lui-même une boîte pleine de poudre commune à cette favorite si puissante, et en même temps il lui écrivit de se défier de cet envoi prétendu funeste, et se rendit dans son appartement au château de Versailles, pour lui donner de nouvelles assurances de son zèle. Il fut admis auprès de cette dame; il lui débita la fable qu'il avoit imaginée. Il avoit suivi jusqu'à la grande poste les deux particuliers, dont il avoit entendu la conversation aux Tuileries, et leur avoit vu porter la boîte fatale. Le premier mouvement de la marquise fut de lui exprimer une vive reconnoissance, et de lui offrir une bourse pleine d'or; qu'il refusa, en disant qu'il osoit attendre une récompense plus honorable. Enchantée des sentimens qu'il faisoit paroître, elle le fit mettre à son bureau pour qu'il écrivît son adresse. Il revint à Paris, fier de la ruse qu'il venoit de mettre en œuvre, et calculant déjà tous les degrés de sa grandeur future.

La marquise reçut le paquet; elle fit faire sur divers animaux l'essai de la poudre qu'on y trouva, et on connut que cette poudre n'avoit rien de malfaisant. Madame de Pompadoùr s'aperçut qu'elle avoit été jouée; elle regarda cette supercherie comme un crime, et obtint contre son auteur les ordres les plus rigoureux.

L'imprudent jeune homme se livroit aux illusions les plus agréables, lorsqu'un exempt de police, suivi d'une foule d'archers, vint interrompre ce rêve délicieux. C'étoit le 1er mai 1749. Latude logeoit alors dans un hôtel garni, rue du Coq; on le jeta dans un fiacre, et il fut conduit, vers les huit heures du soir, à la Bastille.

On l'introduisit dans une salle basse, appelée *chambre du conseil*, où il étoit attendu par les principaux officiers du château. On le fouilla avec le plus grand soin; on le dépouilla de tous ses vêtemens; on prit tout ce qu'il avoit sur lui d'argent, de papiers, de bijoux; on le revêtit de haillons, qui sans doute avoient été déjà imprégnés des larmes d'une foule d'autres malheureux. On le fit écrire sur un registre, qu'il venoit d'entrer à la Bastille; ensuite on le conduisit dans une chambre de la tour du coin. On ferma sur lui deux portes de fer, et on le laissa seul, sans lui avoir appris quel étoit son crime et quel alloit être son sort. Le lendemain M. Berrier, lieutenant-général de police, vint l'interroger : ce magistrat n'avoit ni la morgue ni la dureté de la plupart de ceux qui ont occupé la même place. La candeur de Latude l'intéressa ; il ne vit dans son action qu'un trait de jeunesse qu'il étoit facile d'excuser, et qui ne méritoit qu'une légère correction. Il promit d'être son protecteur auprès de madame de Pompadour, et de lui demander la liberté du jeune homme ; mais il revint au bout de quelques jours lui avouer qu'il l'avoit trouvée inexorable. Le respectable magistrat chercha à procurer au prisonnier tous les soulagemens qui étoient en son pouvoir ; il demanda des ordres pour qu'on ne le laissât manquer de rien, et le fit loger avec un compagnon d'infortune. Cet homme, nommé Joseph Abuzaglo, juif de naissance, étoit à Paris l'agent secret du roi d'Angleterre ; ses lettres, ouvertes à la poste, le trahirent, et il fut mis à la Bastille. Il avoit de l'esprit, et on trouvoit de l'agrément dans sa société; mais loin de se soulager mutuellement, chacun des deux détenus sembloit accroître ses maux et son désespoir de ceux de son ami. Abuzaglo avoit une femme et des enfans qu'il chérissoit avec tendresse, et dont on avoit la cruauté d'intercepter toutes les lettres, et de ne lui donner aucune nouvelle, conformément au registre des prisons d'état. Il supportoit sa captivité avec moins de courage que Latude : il pouvoit cependant concevoir quelques espérances; il avoit été vivement recommandé au prince de Conti; il en avoit été accueilli avec trop de bonté pour qu'il ne se flattât pas que ce prince s'emploieroit pour briser ses fers. Il en promit à Latude la protection, et ils se jurèrent que le premier qui sortiroit s'occuperoit, avec activité et sans relâche, de la délivrance de l'autre; mais il n'entroit pas dans le plan des persécuteurs de Latude, de lui laisser l'espoir que son sort seroit changé.

Dans le courant de septembre 1749, quatre mois environ après le premier jour de sa détention, trois porte-clefs entrèrent dans la chambre des prisonniers, et l'un d'eux s'adressant à Latude, lui dit que l'ordre de son élargissement venoit d'arriver. À peine eût-il passé le seuil de la porte de sa prison, qu'on lui apprit qu'il alloit être transféré à Vincennes. Qu'on se peigne le désespoir d'un détenu qui croyoit toucher au moment de voir briser ses fers. Il sut depuis qu'Abuzaglo avoit obtenu, peu de temps après, son élargissement; mais le croyant libre, apprenant d'ailleurs qu'il ne s'étoit nullement occupé de lui, il chercha peu à s'informer de ce qu'étoit devenu son compagnon de cachot.

Latude tomba malade dans sa nouvelle prison. M. Berrier vint encore le consoler, et lui fit donner l'appartement le plus commode du donjon, d'où l'on découvroit une vue superbe. Mais que pouvoit ce soulagement? L'idée que sa translation devoit lui faire craindre une captivité très-longue, peut-être éternelle, eût empoisonné les jouissances les plus douces; Son courage ne se soutint que par l'espoir qu'il lui seroit un jour possible de se procurer la liberté; il sentit qu'il ne devoit l'attendre que de lui-même ; dès-lors il ne s'occupa plus que des moyens d'y parvenir.

Il voyoit tous les jours un ecclésiastique âgé se promener dans un jardin attenant au donjon; il apprit que ce prêtre y étoit enfermé depuis long-temps pour cause de jansénisme. L'abbé de Saint - Sauveur, fils d'un ancien lieutenant de roi de Vincennes, avoit la liberté de venir causer avec le prisonnier dans le jardin, et il en profitoit souvent. Ce Janséniste d'ailleurs enseignoit à lire et à écrire aux enfans de plusieurs officiers du château; l'abbé et les enfans alloient et venoient sans qu'on y fît beaucoup d'attention. L'heure à laquelle se faisoient ces promenades, étoit à-peu-près celle où l'on menoit Latude dans un jardin voisin, et il avoit la permission d'y rester trois heures par jour, afin de prendre l'air et un exercice propre à rétablir sa santé. Deux porte-clefs venoient le chercher et le conduisoient ; quelquefois le plus âgé alloit l'attendre au jardin, et le plus jeune venoit seul ouvrir les portes du cachot. Latude s'habitua, pendant quelque temps, à le voir descendre l'escalier extrêmement vite, à courir rejoindre son compagnon, avec lequel il le trouvoit toujours au jardin.

Un jour, resolu à quelque prix que ce fût de s'échapper, à peine la porte de sa chambre eût-elle été ouverte, qu'il s'élança sur l'escalier; il étoit au bas de la tour avant que le porte-clefs eût songé à le suivre, et il ferma au verrou une porte qui s'y trouve, afin de rompre toute communication avec les deux porte-clefs, pendant qu'il exécuteroit son projet. Il y avoit quatre sentinelles à tromper; la première étoit à une porte qui conduisoit hors du donjon, et qui étoit toujours fermée: il frappe, la sentinelle ouvre; il demande l'abbé de Saint-Sauveur avec vivacité : « Depuis deux heures, dit-il, notre prêtre l'attend au jardin; mais morbleu il me paiera ma course. » En parlant de la sorte, il continuoit toujours à marcher avec la même vitesse. A l'extrémité de la voûte qui est au-dessous de l'horloge, il trouve une autre sentinelle; il lui demande s'il y avoit long-temps que l'abbé de Saint-Sauveur étoit sorti; elle lui répond qu'elle n'en sait rien, et le laisse passer : même question à la troisième qui étoit de l'autre côté du pont levis, et qui lui assure qu'elle ne l'a pas vu. « Je l'aurai bientôt trouvé, » s'écria-t-il. » Transporté de joie, il court, il arrive devant une quatrième sentinelle qui, bien éloignée de le prendre pour un prisonnier, ne trouve pas plus surprenant que les autres de le voir courir après l'abbé de Saint-Sauveur ; il franchit le seuil de la dernière porte, il s'élance, il se dérobe à leurs regards, il est libre.

Ce fut le 25 juin 1750, après neuf mois de détention à Vincennes, qu'il fut assez heureux pour s'évader.

Il courut à travers les champs et les vignes, en s'écartant le plus qu'il pouvoit du grand chemin : il vint se cacher à Paris dans un hôtel garni.

Latude s'avisa de croire que la marquise de Pompadour auroit un cœur généreux à son égard ; il se flatta d'intéresser sa délicatesse en lui montrant une entière confiance. Il rédigea un mémoire qu'il adressa au Roi ; il y parloit de madame de Pompadour avec respect, et il témoignoit son repentir de la faute qu'il avoit commise. Il demandoit qu'elle se contentât de la punition qu'il avoit subie. Assuré de la clémence de celle qu'il avoit offensée, de la miséricorde de son roi, il terminoit ce mémoire par indiquer l'asyle qu'il avoit choisi, confiance qui auroit dû lui obtenir son pardon. Mais qu'il étoit dans l'erreur! on ne tarda pas à venir l'arrêter à l'adresse qu'il avoit indiquée, et on le reconduisit à la Bastille, en lui disant qu'on ne se saisissoit de sa personne que pour savoir comment il s'étoit sauvé du donjon de Vincennes, attendu qu'il étoit d'une extrême importance d'ôter aux autres prisonniers les moyens de l'imiter, ou de s'assurer de la fidélité des gardiens s'ils avoient facilité son évasion. Il raconta ingénuement de quelle manière il s'étoit procuré sa délivrance. Loin de lui rendre la liberté après qu'il eut satisfait à la condition à laquelle elle étoit attachée, on le jeta dans un cachot souterrain, et on lui fit éprouver des traitemens affreux, que jusque-là il n'avoit pas encore connus. Berrier vint de nouveau, comme un dieu consolateur, adoucir ses peines et ses angoisses; il ordonna que la nourriture du prisonnier fût la même qu'auparavant; qu'on lui fournît des livres, des plumes, de l'encre et du papier.

Latude usa de cette ressource, si propre à suspendre ses profonds ennuis; mais au bout de six mois, elle devint insuffisante contre le désespoir qui s'empara de son âme. L'indignation qu'il éprouvoit lui inspira les quatre vers suivans, qu'il eut l'imprudence d'écrire sur la marge d'un des livres qu'on lui prêtoit :

<blockquote>
Sans esprit et sans agrémens,
Sans être ni belle ni neuve,
En France on peut avoir le premier des amans ;
La Pompadour en est la preuve.
</blockquote>

Il ignoroit qu'un des ordres les plus impérieux et les mieux exécutés à la Bastille, étoit de feuilleter avec la plus scrupuleuse exactitude tous les livres qui sortoient des mains d'un prisonnier. Son porte-clefs n'eut pas plutôt fait la visite de celui-ci, qu'il courut le montrer au commandant, nommé Jean Lebel. Cet événement ne pouvoit rien ajouter à l'horreur de la situation de Latude ; mais comme il étoit difficile qu'elle devînt pire, elle fut seulement prolongée, et dura dix-huit mois. Ce ne fut qu'au bout de ce terme que M. Berrier crut pouvoir prendre sur lui de le tirer du cachot pour le placer dans une chambre. Il offrit aussi de lui procurer ce qu'on pouvoit appeler dans cette prison une consolation bien douce, l'avantage d'avoir un domestique : il profita de l'offre généreuse du compatissant Berrier.

Le père de Latude, qui gémissoit de l'infortune inouie d'un fils chéri, auroit fait les plus grands sacrifices pour la faire cesser ; il consentit avec joie à payer les gages et la pension d'un domestique. On donna au jeune Latude le nommé Cochar, natif de Rosni ; cet homme avoit toutes les bonnes qualités qu'on pouvoit désirer ; il étoit doux, sensible ; il gémissoit avec son maître des maux qu'il lui voyoit éprouver, il les partageoit, et les rendoit moins douloureux. Mais cet excellent serviteur ne soutint pas long-temps l'ennui de l'éternelle captivité à laquelle il s'étoit condamné ; il étoit père, il avoit une femme et plusieurs enfans qu'on ne lui permettoit pas de voir; il pleuroit, il gémissoit, et finit par tomber malade. Quand un domestique entroit au service d'un prisonnier d'état, à la Bastille ou dans un autre château-fort, il s'attachoit à sa destinée, ne pouvoit obtenir son élargissement qu'avec lui, ou mouroit à ses côtés dans la prison. L'infortuné Cochar n'avoit besoin que de respirer un air salubre pour être rendu à la vie; on fut sourd à ses représentations, à ses prières; il fallut que Latude fût témoin des angoisses, de l'agonie de ce malheureux expirant pour avoir partagé ses fers: on ne l'ôta de sa chambre qu'à l'instant où il alloit rendre le dernier soupir.

M. Berrier employa, pour consoler Latude, la ressource dont il avoit déjà fait usage; il lui donna pour compagnon un jeune homme à-peu-près de son âge, plein d'activité, d'esprit et de feu, coupable du même crime que lui, et victime de la même persécution. Il avoit écrit à la marquise de Pompadour; dans sa lettre il lui parloit de l'opinion publique, et lui traçoit la marche qu'elle devoit suivre pour

la

la reconquérir, et l'invitoit à mériter l'estime de la nation, et lui en indiquoit les moyens.

Madame de Pompadour craignoit beaucoup non-seulement les vers, les écrits satiriques qui lui étoient adressés, mais encore tout ce qui pouvoit avoir quelque rapport à elle ou aux maîtresses des rois, dans les différens ouvrages publiés de son temps : en voici un exemple remarquable. Dans la tragédie de *Catilina* par Crébillon, acte deuxième, scène première, Probus disoit à Fulvie :

> C'est ainsi que, toujours en proie à leur délire,
> Vos pareilles ont su soutenir leur empire ;
> Car vous n'aimez jamais : votre cœur insolent
> Tend bien moins à l'amour qu'à gouverner l'amant.
> Qu'il vous laisse régner, tout vous paroîtra juste.
> Mais vous mépriseriez l'amant le plus auguste,
> S'il ne sacrifioit aux charmes de vos yeux
> Son bonheur, son devoir, la justice et les dieux.

La marquise de Pompadour pria l'auteur de supprimer ces huit vers, fit enlever tous les exemplaires qu'on put trouver entachés de cette tirade, et Crébillon eut une pension de 1200 livres.

L'infortuné compagnon de Latude se nommoit d'Alègre; il étoit natif de Varroux près de Carpentras, et ne cessoit de déplorer depuis trois ans à la Bastille, l'imprudence d'avoir donné des conseils à la maîtresse d'un roi, accoutumée aux adulations des courtisans. Ce jeune homme se laissa abattre par la douleur, tandis que Latude conservoit le courage et l'énergie d'une ame forte, et cherchoit les moyens de s'évader de nouveau.

Il ne falloit pas penser à s'enfuir de la Bastille par les portes, toutes les impossibilités physiques se réunissoient pour rendre cette voie impraticable. Il ne restoit qu'à tenter de parvenir au haut des tours, et qu'à chercher ensuite les moyens d'en descendre. Les deux amis avoient bien dans leur chambre une cheminée dont le tuyau aboutissoit à l'extrémité de leur tour; mais, comme toutes celles de la Bastille, elle étoit, dans toute sa longueur, garnie de grilles, de barreaux qui, en plusieurs endroits, laissoient à peine un passage libre à la fumée. Se fussent-ils élevés au sommet de cette tour, ils avoient sous leurs pas un abîme de près de deux cents pieds de profondeur; au bas un fossé dominé par un mur très-exhaussé, qu'il falloit encore franchir : ajoutez qu'ils étoient seuls, sans outils, sans matériaux, épiés à chaque heure du jour et de la nuit, surveillés par une multitude de sentinelles qui entouroient la Bastille et sembloient l'investir. Tant d'obstacles, tant de dangers ne purent rebuter Latude; il vit sans s'effrayer qu'il falloit grimper au haut de la cheminée malgré les grilles de fer multipliées; qu'il falloit, pour descendre du sommet de la tour dans le fossé, une échelle de quatre-vingt-dix pieds au moins; une seconde, nécessairement de bois, pour en sortir; il falloit encore, dans le cas où il se procureroit des matériaux, les dérober à tous les regards, travailler sans bruit, tromper la foule des surveillans pendant plusieurs mois entiers.

Après avoir sondé le plancher de sa chambre, Latude connut que ce plancher formoit au-dessous un vide de quatre pieds : ce fut dans cette cavité, qu'au moyen de carreaux adroitement ôtés et remis en place, il résolut de cacher chaque jour tous les préparatifs auxquels il travailleroit pour exécuter l'entreprise la plus hardie et la plus étonnante qu'un homme ait peut-être jamais formée.

Quand il communiqua son dessein à d'Alègre, celui-ci crut d'abord qu'il avoit l'esprit aliéné. Mais, s'écria-t-il, rappelez vos sens, tâchez de calmer le délire qui vous agite; songez que nous n'avons ni cordes ni matériaux, et qu'il nous est impossible de nous en procurer. Latude l'assura que rien ne leur manqueroit, et que tous les obstacles seroient vaincus. « Voyez ma malle, ajouta-t-il, qu'on
» m'a laissée par un bonheur singulier, quoi-
» qu'en entrant ici on m'ait revêtu d'un mau-
» vais habit; elle contient douze douzaines
» de chemises, beaucoup de serviettes, de
» bas, de coiffes et de bonnets; nous les effi-
» lerons, et nous en ferons des cordes. Mon
» ami, c'est le génie qui crée, et nous avons
» celui que donne le désespoir; il dirigera
» nos mains, et nous serons sauvés. »

Les deux prisonniers se mirent aussitôt à l'ouvrage. Ils avoient une table pliante, soutenue par deux fiches de fer; ils les détachèrent, leur firent un taillant en les repassant sur un carreau du plancher; d'un briquet, ils fabriquèrent, en moins de deux heures, une espèce de canif avec lequel ils firent un manche à ces fiches, dont le principal usage devoit être d'arracher toutes les grilles de fer de la cheminée, et ils commencèrent par s'en servir à lever un carreau de leur plancher, pour cacher au-dessous les travaux de leur industrie et de leur admirable patience.

Ces premières opérations faites, ils décousirent deux chemises et leurs ourlets; et ils en tirèrent les fils l'un après l'autre; ils les nouèrent tous bout à bout, et ils en firent un certain nombre de pelotons qu'ils réunirent ensuite en deux grosses pelottes : chacune avoit cinquante filets de soixante pieds de longueur; ils les tressèrent, ce qui leur donna une corde de cinquante pieds de long, avec laquelle ils firent une échelle de vingt pieds, qui devoit les soutenir en l'air pendant qu'ils arracheroient dans la cheminée toutes les barres et les pointes de fer dont elle étoit garnie. Cette besogne fut la plus pénible et la plus embarrassante; elle leur demanda six mois d'un travail continuel, dont l'idée fait frémir. Ils ne pouvoient s'y livrer qu'en pliant le corps et en le torturant par les postures les plus gênantes; ils ne résistoient qu'une heure à cette situation, et ils ne descendoient jamais, pour se reposer un instant, qu'avec les mains ensanglantées. Ces barres de fer étoient clouées dans un ciment fort dur, qu'ils ne pouvoient amollir qu'en soufflant de l'eau avec la bouche dans les trous qu'ils pratiquoient. Ils se regardoient comme très-heureux quand, dans une nuit entière, ils avoient enlevé l'épaisseur d'une ligne de ce ciment. A mesure qu'ils arrachoient une barre de fer, il falloit la replacer dans son trou pour que, dans les fréquentes visites, on ne s'aperçût de rien, et de manière à pouvoir les enlever toutes au moment où ils seroient dans le cas de sortir.

Après six mois de ce travail opiniâtre et douloureux, ils s'occupèrent de l'échelle de bois qui leur étoit nécessaire pour monter du fossé sur le parapet, et de ce parapet dans le jardin du gouverneur; il falloit qu'elle eût vingt-cinq pieds de haut : ils y consacrèrent le bois qu'on leur donnoit pour se chauffer, consistant en bûches de dix-huit à vingt pouces. Il leur falloit aussi des moufles et beaucoup d'autres choses, pour lesquelles il leur étoit indispensable de se procurer une scie : Latude en fit une avec un chandelier de fer, au moyen de la seconde partie du briquet dont il avoit transformé la première en canif ou petit couteau. Avec ce morceau de briquet, cette scie et les fiches, ils dégrossirent leurs bûches; ils y pratiquèrent des charnières et des tenons pour les emboîter les unes dans les autres, ainsi que deux trous à chaque charnière et à son tenon, pour y placer un échelon et deux chevilles afin de l'empêcher de vaciller. Ils ne firent à cette échelle qu'un bras, et y mirent vingt échelons de quinze pouces chacun. Le bras avoit trois pouces de diamètre; par conséquent chaque échelon excédoit ce bras de six pouces de chaque côté. Aux diverses parties de cette échelle, ils attachèrent l'échelon correspondant à sa cheville avec une ficelle, de manière à pouvoir la monter facilement pendant la nuit. A mesure qu'ils avoient achevé et perfectionné un de ces objets, ils le cachoient entre les deux planchers.

Ils s'occupèrent ensuite de la grande échelle; elle devoit avoir au moins cent quatre-vingts pieds de longueur; ils se mirent à effiler tout leur linge, chemises, serviettes, bonnets, bas, caleçons, mouchoirs, tout ce qui pouvoit fournir du fil ou de la soie. Lorsqu'ils eurent une quantité suffisante de pelotons, ils employèrent une nuit entière à tresser cette corde.

Autour de la Bastille, à la partie supérieure, étoit un rebord saillant de trois ou quatre pieds, ce qui nécessairement devoit faire flotter et vaciller cette grande échelle, pendant que les deux prisonniers descendroient du haut de la tour; ce qui auroit pu troubler la tête la mieux organisée. Pour obvier à cet inconvénient, et prévenir qu'un d'eux ne tombât et ne s'écrasât dans la chute, ils firent une seconde corde d'environ trois cent soixante pieds de longueur. Cette corde devoit être passée dans un moufle, c'est-à-dire une espèce de poulie sans roue, pour éviter qu'elle ne s'engrenât entre la roue et les côtés de la poulie, et que celui qui descendroit ne se trouvât suspendu en l'air sans pouvoir descendre davantage. Après avoir tressé ces deux cordes, ils en firent plusieurs autres de moindre longueur, pour attacher leur échelle à l'affut d'un canon, et pour d'autres besoins imprévus.

Quand toutes ces cordes furent achevées, ils les mesurèrent : il y en avoit quatorze cents pieds; ensuite ils firent deux cent huit échelons tant pour l'échelle de corde que pour celle de bois. Un autre inconvénient qu'il falloit prévoir, étoit le bruit que causeroit le frottement des échelons sur la muraille, au moment où ils descendroient; ils leur firent à tous un fourreau avec les doublures de leurs robes de chambre, de leurs vêtemens et gilets.

Ils employèrent dix-huit mois entiers à ce travail continuel et étonnant; mais ce n'étoit pas tout encore : ils avoient bien pourvu au moyen d'arriver au haut de la tour, et de descendre dans le fossé; pour en sortir, il leur restoit encore à franchir bien des obstacles. Il falloit monter sur le parapet, de ce parapet dans le jardin du gouverneur, et de là descendre dans le fossé de la porte St.-Antoine; mais ce parapet indispensable à traverser, étoit toujours garni de sentinelles. Ils pouvoient choisir une nuit très-obscure et pluvieuse, alors les sentinelles ne se promenoient pas, et ils seroient parvenus à leur échapper; mais il pouvoit pleuvoir lorsqu'ils monteroient dans la cheminée, et le temps devenir calme et serein au moment où ils arriveroient sur le parapet; d'ailleurs ils pouvoient se rencontrer avec les rondes-majores qui, à chaque instant, ne manquoient pas de les parcourir et de les visiter; il leur eût été impossible alors de se cacher, à cause des lumières qu'elles portoient toujours, et ils étoient perdus à jamais.

Il y avoit un moyen de se soustraire à ce terrible inconvénient; il consistoit à se faire un passage à travers la muraille qui séparoit le fossé de la Bastille de celui de la porte Saint-

Antoine. Latude réfléchit que, dans la multitude des débordemens de la Seine qui remplissoient ce fossé, l'eau avoit dû dissoudre les sels contenus dans ce mortier et le rendre moins difficile à briser, que par ce moyen, il pourroit parvenir avec son compagnon, à percer la muraille. Pour réussir dans cette nouvelle entreprise, il falloit une virole afin de faire des trous dans ce mortier pour engrener les pointes de deux barres de fer qu'ils prendroient dans leur cheminée ; avec ces deux barres ils pouvoient arracher des pierres et s'ouvrir un passage.

Ils se décidèrent à ce dernier parti. Ils firent une virole avec la fiche d'un de leurs lits, à laquelle ils attachèrent un manche en forme de croix.

Ce fut le 25 février 1756, veille du jeudi gras, qu'ils fixèrent pour tenter leur délivrance. Alors la rivière étoit débordée, il y avoit quatre pieds d'eau dans le fossé de la Bastille et dans celui de la porte Saint-Antoine où ils devoient pénétrer. Latude remplit un porte-manteau de cuir d'un habillement complet pour lui et pour son compagnon, afin de pouvoir se changer s'ils étoient assez heureux pour se mettre en liberté.

A peine leur eût-on servi à dîner, qu'ils montèrent leur grande échelle de corde, c'est-à-dire qu'ils y mirent les échelons, et la cachèrent sous leurs lits, afin que le porte-clefs ne pût l'apercevoir dans les visites qu'il devoit encore faire pendant la journée, ils accommodèrent ensuite l'échelle de bois en trois morceaux, mirent dans un fourreau les barres de fer dont ils se proposoient de se servir pour percer la muraille, pour empêcher qu'elles ne fissent du bruit ; ils se munirent d'une bouteille de scubac pour se réchauffer et rétablir leurs forces quand ils auroient à travailler dans l'eau jusqu'au cou pendant plus de neuf heures. Toutes ces précautions prises, ils attendirent avec impatience qu'on leur eût apporté à souper : cet instant arriva enfin.

Latude monta le premier dans la cheminée ; il avoit un rhumatisme au bras gauche, mais il écouta peu cette douleur : il en éprouva bientôt une autre plus aiguë. Il n'avoit employé aucune des précautions que prennent les ramoneurs; il faillit être étouffé par la poussière de la suie. Les ramoneurs garantissent leurs coudes et leurs genoux au moyen de morceaux de cuir, il n'y avoit pas songé : aussi fut-il écorché jusqu'au vif; le sang ruisseloit sur ses mains et sur ses jambes. C'est dans ce triste état qu'il arriva au haut de la cheminée; dès qu'il y fut parvenu, il fit couler dans la chambre une pelotte de ficelle dont il s'étoit muni, d'Alègre y attacha le porte-manteau, qui fut aisément tiré en haut et jeté sur la plate-forme de la Bastille. Latude monta de la même manière l'échelle de bois, les deux barres de fer et tous les autres paquets; ils finirent par l'échelle de corde, dont une des extrémités aida d'Alègre à monter, pendant que l'autre étoit soutenue au moyen d'une grosse cheville préparée exprès, et passée en travers sur le tuyau de la cheminée. Cette opération finie, les deux prisonniers descendirent sur la plate-forme de la Bastille.

Aussitôt qu'ils y furent arrivés, ils disposèrent tout ce qui étoit nécessaire pour effectuer leur périlleux dessein ; ils commencèrent par faire un rouleau de l'échelle de corde, ce qui fit une masse de quatre pieds de diamètre; ils la firent rouler sur la tour appelée *la Tour du Trésor*, qui leur parut la plus favorable pour exécuter leur descente; ils affermirent un des bouts de cette échelle à une pièce de canon, et la firent couler doucement le long de la tour ; ensuite ils attachèrent le moufle et y passèrent la corde, qui avoit trois cent soixante pieds de longueur; Latude s'attacha autour du corps un bout de la corde passée dans le moufle; d'Alègre la lâcha à mesure que celui-ci descendoit; malgré cette précaution, Latude voltigeoit en l'air à chaque mouvement qu'il se donnoit ; enfin il arriva dans le fossé sans aucun accident. Sur-le-champ d'Alègre descendit le porte-manteau et tous les autres effets, qui furent déposés sur une petite éminence dominant heureusement l'eau dont le fossé étoit rempli. Alors d'Alègre suivit l'exemple de son compagnon; mais il descendit avec moins de difficulté, Latude tenant de toutes ses forces le bout de l'échelle, ce qui l'empêcha de vaciller autant que le premier l'avoit fait. Parvenus tous les deux au bas de la forteresse, ils ne purent s'empêcher de regretter d'être hors d'état d'emporter avec eux la corde immense et les matériaux dont ils s'étoient servis, monumens rares de l'industrie humaine, et de ce que peut faire entreprendre l'amour de la liberté.

Il ne pleuvoit point ; ils entendirent une sentinelle qui se promenoit à quatre toises de distance ; il leur fallut donc renoncer à monter sur le parapet et à se sauver par le jardin du gouverneur. Ils prirent le parti de se servir de leurs barres de fer. Ils allèrent droit à la muraille qui séparoit le fossé de la Bastille de celui de la porte Saint-Antoine, et sans relâche ils se mirent au travail. Dans cet endroit précisément étoit un petit fossé d'une toise de largeur et d'un pied et demi de profondeur, ce qui augmentoit la hauteur de l'eau. Par-tout ailleurs ils n'en avoient que jusqu'au milieu du corps ; là ils en avoient jusque sous les aisselles. Il dégeloit seulement depuis quelques jours, en sorte que l'eau étoit pleine de glaçons; ils y restèrent pendant neuf heures entières, le corps épuisé par un travail excessivement difficile, et les membres engourdis par le froid.

A peine avoient-ils commencé à ébranler les pierres, qu'ils virent venir, à douze pieds au-dessus de leur tête, une ronde major dont le fallot éclairoit parfaitement le lieu où ils étoient; ils n'eurent d'autre ressource, pour n'être point découverts, que de faire le plongeon; il leur fallut répéter cette manœuvre toutes les fois qu'ils eurent le même sujet d'alarme, c'est-à-dire à chaque demi-heure.

Enfin, après neuf heures de travail et d'effroi, après avoir arraché les pierres les unes après les autres avec une peine difficile à concevoir, ils parvinrent à faire, dans une muraille de quatre pieds et demi d'épaisseur, un trou assez large pour y passer l'un après l'autre. Déjà leur ame s'ouvroit à la joie, lorsqu'ils coururent un danger qu'ils n'avoient pas prévu, et auquel ils faillirent succomber. Ils traversoient le fossé Saint-Antoine pour gagner le chemin de Bercy; à peine eurent-ils fait vingt-cinq pas, qu'ils tombèrent dans l'aqueduc qui est au milieu ; ils eurent dix pieds d'eau au-dessus de leurs têtes, et deux pieds de boue qui les empêchoient de se mouvoir et de marcher. La vigueur de Latude le fit sortir de ce péril imminent ; il saisit d'Alègre par les cheveux, et le tira au bord du précipice qu'ils cherchoient à gagner ; bientôt ils furent hors du fossé ; et au moment où cinq heures sonnoient, ils se trouvèrent sur le grand chemin.

Transportés du même sentiment, ils se précipitèrent dans les bras l'un de l'autre ; et après s'être mutuellement félicités, ils se prosternèrent pour exprimer leur vive reconnoissance au Dieu suprême qui venoit visiblement de les protéger (1).

---

(1) Un abbé de Buquois, doué d'un caractère très-énergique et d'un courage à toute épreuve, étoit déjà parvenu, à force d'adresse et de patience, à s'échapper de la Bastille à l'aide d'une corde filée dans sa prison, vers la fin du règne de Louis XIV, et eut le bonheur de se sauver en Suisse, où il mourut.

Ce premier devoir rempli, ils s'occupèrent du soin de changer de vêtemens; l'humidité avoit engourdi leurs membres, et ils éprouvoient le froid bien plus qu'ils ne l'avoient fait pendant les neuf heures consécutives qu'ils avoient passées dans l'eau et dans la glace; chacun d'eux eût été hors d'état de se déshabiller et de s'habiller lui-même: ils furent obligés de se rendre mutuellement ce service. Aprèsquoi ils se mirent dans un fiacre, et se firent conduire chez un orfèvre, nommé Fraissinet, natif de Béziers, qui apprit à Latude qu'un sieur Dejean, de la petite ville de Montagnac, et leur ami commun, étoit à Paris avec son épouse. Dejean étoit fils d'un homme vénéré de tous les habitans du Languedoc comme leur chef et leur pasteur. Son fils avoit hérité des vertus de l'auteur de ses jours, et son épouse étoit digne d'avoir un tel mari. L'un et l'autre craignirent peu de prendre le plus tendre intérêt à deux hommes échappés de la Bastille; seulement ils eurent la précaution de les loger chez leur tailleur, qui demeuroit dans l'enclos de l'abbaye Saint-Germain, où l'on étoit plus à l'abri des recherches de la police. Dejean et sa femme venoient tous les jours les voir, les secourir, les consoler. Chacun d'eux fournissoit aux besoins de leurs chers protégés, et chacun d'eux leur demandoit de taire à l'autre ses bienfaits.

Latude n'étoit plus tenté d'aller se jeter aux pieds de madame de Pompadour; il forma le projet de s'expatrier. Mais il eût été trop imprudent de se mettre en route avec son compagnon. Ils restèrent cachés près d'un mois sous la garde de l'amitié et de la bienfaisance. Il fut décidé qu'ils ne partiroient pas tous deux ensemble, afin que si l'un étoit découvert, l'autre ne fût pas enveloppé dans le même malheur.

D'Alègre s'éloigna le premier, déguisé en paysan, et se rendit à Bruxelles, où il arriva sans accident. Il en informa Latude de la manière dont ils étoient convenus; alors celui-ci se mit en route pour aller le rejoindre. Il prit l'extrait de baptême de son hôte, qui étoit à-peu-près de son âge; il se munit des mémoires imprimés et des pièces d'un vieux procès, pour pouvoir alléguer un prétexte plausible, dans le cas où il auroit à rendre compte des motifs de son voyage. Habillé en domestique, il sortit de nuit de Paris, et alla attendre à quelques lieues, la diligence de Valenciennes, où il trouva une place. Plusieurs fois il fut interrogé, fouillé par des cavaliers de maréchaussée ; il dit qu'il alloit à Amsterdam porter au frère de celui dont il avoit emprunté le nom les pièces d'un procès qui intéressoit toute une famille ; et au moyen des précautions qu'il avoit prises, il échappa à la surveillance de tous ceux qui étoient chargés de l'arrêter.

Il arriva enfin à Bruxelles à l'entrée de la nuit. Il avoit passé un quartier d'hiver dans cette ville en 1747, ainsi il en connoissoit les principaux quartiers. Il alla descendre au Coffi, place de l'hôtel-de-ville, où d'Alègre lui avoit donné rendez-vous. Il le demanda à l'aubergiste, qui lui dit ne pas savoir ce qu'il étoit devenu, et montra un air embarrassé. Latude, allarmé, soupçonna qu'il étoit arrivé quelque malheur à son compagnon, et que la même catastrophe le menaçoit. Il affecta néanmoins un air tranquille, et s'éloignant de cet hôte, sous quelque prétexte, il se hâta de sortir de la ville, afin de cacher à tous les yeux sa douleur et son effroi.

Il arrêta une place dans la barque d'Anvers, qui partoit à neuf heures précises du soir. En attendant le moment de s'embarquer, il entra dans un cabaret voisin où il trouva un jeune Savoyard avec qui il devoit faire la route. Instruit qu'ils voyageoient ensemble, le bon Savoyard, ramoneur de son métier, lia familièrement conversation, croyant être à-peu-près avec son égal. L'habitant des monts de la Savoye alloit à Amsterdam; il parloit assez bien hollandais, et offrit à Latude de lui servir de guide et d'interprète. Celui-ci ne pouvoit qu'agréer de telles propositions. On s'embarque, on part; chemin faisant, Latude lui demanda ce qu'il y avoit de nouveau à Bruxelles, où il lui dit qu'il n'avoit pas eu le temps de s'arrêter. Quel est son étonnement et son désespoir lorsqu'il entend raconter, comme une chose intéressante, la triste aventure dont il devoit être un des héros! Quoiqu'il fût en quelque sorte préparé à ce coup affreux, il le fit frissonner d'horreur, et il sentit tout son sang se glacer. A peine eût-il la force d'apprendre que de deux prisonniers échappés de la Bastille à Paris, l'un arrivé à Bruxelles depuis peu de temps, étoit allé descendre au Coffi; qu'après s'être montré avec des habits de paysan, on l'avoit vu tout-à-coup changer de costume, se promener et manger avec des officiers distingués et autres personnes de marque; qu'un officier de justice, qu'on nomme *Laman* dans le pays, ayant reçu ordre de l'arrêter, l'avoit conduit dans sa maison, sous prétexte de prendre son nom et ses qualités; que là il l'avoit enfermé dans une chambre jusqu'au lendemain matin, où il l'avoit remis au grand prevôt de Bruxelles; que celui-ci s'étoit aussitôt mis en route pour le conduire, sous bonne et sûre garde, jusqu'aux portes de Lille, où il l'avoit remis à un exempt français, qui les suivoit depuis Bruxelles. Le Savoyard ajouta qu'il tenoit ces détails du domestique du *Laman*, qui étoit son ami, et qui lui avoit demandé le secret, attendu qu'il importoit de ne pas ébruiter cet événement pour qu'il fût possible de se saisir plus aisément du second prisonnier, que l'on guettoit aussi, et qui sans doute ne pouvoit pas échapper à toutes les précautions qu'on avoit prises pour l'arrêter.

Latude, plein d'un trouble qu'il est facile de s'imaginer, paroissoit écouter ce récit avec indifférence. Ému tour-à-tour d'une vive compassion pour le malheureux d'Alègre, saisi de terreur pour lui-même, il étoit agité d'une foule de réflexions douloureuses, et il falloit qu'il parût calme. Il prit le seul parti qui lui restoit dans une occurrence aussi critique. Comme il lui importoit de détourner les soupçons du Savoyard, s'il avoit été assez heureux pour les empêcher de naître, il lui demanda si la barque d'Amsterdam passoit par Berg-op-Zoom; il lui répondit que non, ce qu'il savoit encore mieux que lui; il eut l'air étonné, et dit qu'il avoit à toucher, dans cette dernière ville, le montant d'une lettre-de-change. Il témoigna des regrets de ne pas pouvoir achever la route avec son nouvel ami ; ils se promirent l'un l'autre de se rejoindre à Amsterdam. Arrivés à Anvers, où la barque s'arrête, Latude quitta le Savoyard, qu'il consola d'une si brusque séparation, en lui donnant quelques provisions de pain, de jambon et d'eau-de-vie. Cette générosité le charma ; et, pour lui témoigner sa reconnoissance, il voulut, en attendant qu'on se rembarquât, le mettre sur le chemin de Berg-op-Zoom ; attention dont le fugitif l'auroit volontiers dispensé.

Aussitôt qu'il l'eut perdu de vue, Latude se hâta de changer de route, et ne s'arrêta que lorsqu'il fut arrivé sur les terres de Hollande : il étoit intimement convaincu qu'à l'arrivée de la barque à Amsterdam il auroit trouvé un exempt de maréchaussée de Bruxelles qui seroit venu l'attendre, et qui, sous quelque prétexte, seroit parvenu à se saisir de sa personne. Le malheur de d'Alègre étoit une preuve qu'il n'y avoit rien de sacré pour la marquise de Pompadour, ou plutôt pour es ministres français de ce temps-là.

En partant de Paris, Latude avoit sept louis ;

il ne lui en restoit qu'un seul lorsqu'il arriva à Berg-op-Zoom. Il se logea dans un grenier à huit sous par nuit, et son premier soin fut d'écrire à son père; il lui faisoit le tableau de sa situation; il connoissoit le cœur sensible de ce père respectable, et il ne doutoit pas qu'il ne s'empressât à lui envoyer des secours, qu'il le prioit d'adresser à Amsterdam. Sur le peu d'argent qui lui restoit il falloit payer le prix de sa place dans la barque, depuis Berg-op-Zoom jusqu'à la capitale de la Hollande; cette dépense faite, il devoit lui rester 3 liv. 10 s. Latude ne pouvoit recevoir des nouvelles de sa patrie qu'après un temps très-long; il n'avoit que deux partis à prendre, il falloit mendier ou se nourrir d'herbes : le premier parti le révolta, il n'hésita pas à prendre le second; mais en s'y déterminant il avoit plus compté sur son courage que sur ses facultés physiques. Son estomac repoussa bientôt ces tristes alimens auxquels il n'étoit point accoutumé. Il avoit espéré tempérer la crudité des herbes, et diminuer les douleurs qu'elles lui causoient, en les mêlant avec quelques morceaux d'un gros pain de seigle qu'on nomme dans le pays du *rockenbrod*, et qui est noir et pesant comme de la tourbe; il en acheta quatre livres, et telles furent toutes ses provisions en s'embarquant pour Amsterdam.

Il n'avoit garde de chercher à se lier avec les voyageurs qui se trouvoient dans la barque : il étoit trop humiliant pour lui de leur montrer sa détresse, et il redoutoit le mépris des uns et la pitié insultante des autres. Cependant il n'avoit pu s'empêcher de fixer quelquefois ses regards sur un de ses compagnons : une figure sévère, un air dur le faisoient remarquer et craindre; il se nommoit Jean Taerchoost, natif d'Amsterdam, où il tenoit, dans une cave, une espèce de taverne. Il examina Latude avec attention, et parut observer sur-tout son frugal repas ; lorsqu'il crut l'avoir bien deviné il l'aborda, et avec ce ton qui commence par humilier et qui finit par inspirer la confiance, parce qu'il est l'expression d'un cœur rempli de franchise et de bonté, il lui dit en mauvais français: « Vive » Dieu! à voir la manière dont vous mangez,

» vous paroissez avoir plus d'appétit que d'ar-
» gent. » Latude lui avoua avec embarras qu'il ne s'étoit point trompé. Le Hollandais garda le silence ; mais l'heure du repas étant arrivé, il le mena près d'une table sur laquelle il avoit étendu ses provisions. « Point de
» compliment, monsieur le Français, lui
» dit-il, mettez-vous là, buvez et mangez
» avec moi. » Le fugitif n'étoit point en situation de refuser ces offres généreuses ; il partagea les provisions de cet homme sensible et tout uni dans ses procédés. Dès ce moment il s'aperçut que, sous la plus grossière enveloppe, ce Hollandais réunissoit les plus précieuses qualités ; il faisoit le bien sans ostentation et presque par instinct. Il sembloit quelquefois connoître cet art si délicat de ménager la sensibilité du malheureux qu'on soulage ; mais on voyoit qu'il ne le tenoit que de la nature : il demandoit au pauvre voyageur de légers services, pour le distraire de l'idée qu'il en rendoit lui-même de très-importans.

Latude lui ayant appris qu'il étoit Languedocien, il lui dit qu'il connoissoit un homme du même pays, qui sans doute seroit charmé d'être utile à son compatriote. Arrivés à Amsterdam, il le fit conduire chez le compatriote prétendu, nommé Martin, qui se trouva être un Picard, et l'homme le plus dur et le plus égoïste qu'il soit possible de rencontrer. Son abord annonçoit l'effroi que lui inspiroit l'idée seule d'être forcé de faire une bonne action. Latude, indigné, le tranquillisa bientôt en prenant congé de lui pour ne plus le revoir.

Jean Taerchoost, persuadé que le fugitif français alloit recevoir de M. Martin des secours abondans, l'attendoit pour l'en féliciter; son abattement et ses larmes lui apprirent combien il s'étoit trompé. Le généreux Hollandais, lui prenant affectueusement les mains, lui dit : « Ne vous désolez point, je ne vous » abandonnerai jamais. Je ne suis pas riche, » mais j'ai un bon cœur; nous ferons pour » le mieux, et vous serez content. » Il alla à l'instant parler à sa femme, et tous deux pratiquèrent à leur protégé une couchette dans le fond d'une grande armoire, au moyen d'un matelas qu'ils tirèrent de leur propre lit.

Les bienfaits dont le combloit la pauvreté hospitalière ne pouvoient dissiper sa profonde douleur. Le souvenir de l'infortuné d'Alègre le remplissoit sans cesse d'un sentiment douloureux; il étoit certain que ce jeune homme avoit été replongé dans les fers, et il auroit voulu tout entreprendre pour l'en arracher.

Un de ces hasards heureux qui viennent quelquefois au secours de l'homme au désespoir lorsqu'il s'y attend le moins, fit rencontrer à Latude un particulier très-riche, originaire de Montagnac, et presque son compatriote. Bien différent du Picard au cœur insensible et farouche, celui-ci le combla d'honnêtetés et de marques de bienveillance; il exigea qu'il vînt loger chez lui; il lui donna sa table, une chambre, du linge, dont Latude n'avoit pas changé depuis plus de quarante jours; il lui fit faire un habit complet très-propre. Cet honnête Français se nommoit Louis Clergue, aussi bon, aussi sensible que Taerchoost; il prit le même intérêt à la triste situation du fugitif, et apporta des soins aussi empressés, mais plus efficaces, pour le soulager.

Pendant que Latude vivoit avec sécurité dans l'asyle ouvert par l'amitié compatissante, en se flattant que dans un pays libre il n'avoit rien à craindre des poursuites du despotisme, la cour de Versailles suscitoit contre lui un nouvel orage; l'ambassadeur de France s'abaissoit à solliciter près des États de Hollande la permission de le faire arrêter, que ce sénat auguste n'osa refuser, intimidé par des menaces, ou quelques-uns de ses membres ayant été corrompus par de riches présens.

Toutes les démarches de Latude étoient tellement épiées, que, malgré les précautions qu'il avoit prises de changer de nom, et de ne se faire adresser directement aucune de ses lettres, elles furent toutes interceptées, et on ne lui en laissa parvenir qu'une seule, qui fournissoit les moyens de s'assurer de sa personne. Cette lettre étoit de son père, et contenoit un effet sur le sieur Marc Fraissinet, banquier à Amsterdam, payable le 1er juin de cette année 1756. On suivit tous ses pas ce jour-là, et lorsqu'il se présenta chez le banquier, à dix heures du matin, il fut arrêté, garotté et traîné ignominieusement au milieu d'une populace avide de spectacle, à qui on persuada qu'il étoit un scélérat insigne. La foule que cet événement rassembla devint bientôt si considérable, qu'il étoit difficile de pénétrer dans les rues où se passoit cette scène de violence. Les recors qui conduisoient l'infortuné Latude, nommés *dindres* en hollandais, étoient armés de gros bâtons avec lesquels ils frappoient ceux qui s'avançoient de trop près, et principalement sur le pauvre captif, pour le faire avancer plus vite. Ils arrivèrent avec beaucoup de peine à l'hôtel-de-ville, où ils trouvèrent une si grande foule de curieux que les *dindres* ne purent se faire faire place qu'en redoublant les coups de bâton; Latude en reçut un si violent sur la nuque, qu'il tomba sans connoissance. Lorsqu'il reprit l'usage de ses sens, il se trouva seul, jeté sur un peu de paille, dans un cachot obscur.

Vers les neuf heures du soir il reçut la visite de l'exempt français chargé de le ramener à Paris : il se nommoit Saint-Marc. Ce malheureux venoit insulter à la détresse de son prisonnier par d'insolentes ironies. Latude ne devoit, disoit-il, prononcer qu'avec respect le nom de la marquise de Pompadour; elle ne l'attendoit que pour le combler de graces; loin de se plaindre, il auroit dû baiser la main généreuse qui le frappoit, chacun de ses coups étoit une faveur et un bienfait signalés.

Cependant Louis Clergue, et ceux de ses amis instruits de son innocence et de son étonnante arrestation, si contraire aux lois du pays, agissoient vivement parmi le peuple, et commençoient à l'enflammer. Latude fut instruit, dans le fond de sa prison, qu'on entendoit déjà de violens murmures, que tous les citoyens demandoient sa liberté, et qu'ils se plaignoient vivement d'un gouvernement qui avoit osé violer les lois en faveur d'une tyrannie étrangère. Cette nouvelle, loin d'apporter l'espoir dans l'ame de Latude, lui causa les plus vives alarmes; il considéra qu'il étoit au pouvoir de ses ennemis, qu'il leur seroit facile de disposer de ses jours, et de publier ensuite que, coupable des plus grands crimes, il s'étoit donné la mort pour échapper au désespoir ou au supplice.

Ces réflexions effrayantes rouloient dans son esprit, lorsqu'une scène affreuse vint redoubler ses terreurs. Sur les huit heures du soir, il entend un bruit épouvantable, et il voit tout-à-coup, à travers les grilles de son cachot, une douzaine de personnes l'air agité, inquiet, dont les unes portoient des fallots, et les autres des barres de fer pointues et d'énormes marteaux ; sa porte s'ouvre avec fracas, et tous ces hommes, dont la figure seule inspiroit l'effroi, l'entourèrent sans proférer une parole. Latude croit toucher à sa dernière heure ; il cherche à démêler à la vue de leurs armes, quel va être le genre de son supplice, et quelle doit être la fonction de chacun de ses bourreaux, qui le considèrent avec des yeux farouches. « Eh bien ! leur » cria-t-il, frappez, j'attends vos coups sans » trembler ». Ils ne daignent point lui répon-

Tome III.

dre; ils se mettent à regarder les murailles de son cachot; il croit qu'ils cherchent un endroit commode pour planter un clou et y attacher une corde; d'autres dont la physionomie est encore plus barbare, frappent rudement la terre, comme s'ils vouloient creuser une fosse, tandis qu'un autre groupe de satellites faisoient résonner les grilles sous les coups de leurs marteaux, et sembloient donner le signal de la mort. Après avoir tenu leur victime dans une angoisse pire que le trépas, ils se retirèrent rapidement sans avoir prononcé un seul mot.

Au bout de quelques jours, Latude apprit que cette scène n'étoit autre chose que la visite des cachots, qui se renouveloit très-souvent : il resta neuf jours dans le sien sans que l'on troublât son affreuse solitude. Dans cet intervalle on étoit allé solliciter, près du gouverneur-général du Brabant, la permission de le faire passer sur le territoire de l'Autriche. Cette permission étant arrivée, on apporta à Latude, le 9 juin 1756, une ceinture de cuir qu'on lui mit autour du corps; de chaque côté étoient de gros anneaux, auxquels étoient attachés deux cadenats; on y enferma les mains du prisonnier, pendantes et retenues ainsi le long de ses reins, en sorte que, par un raffinement de barbarie, on le traitoit plus cruellement que les scélérats: on ne met à ceux-ci que des menotes qui ne les empêchent point de mouvoir leurs bras et de s'en servir. On le fit monter ensuite dans un traîneau, sur lequel se placèrent un exempt hollandais et un *dindre* à chaque portière. Arrivé au port, il y trouva l'inspecteur de police français. On l'embarqua dans un vaste bateau destiné pour Rotterdam, et un autre le transporta jusqu'à Anvers. Pendant ce douloureux voyage les liens qui attachoient ses bras ne lui permettoient pas de porter ses mains à sa bouche; il falloit qu'on lui donnât à manger. Cette horrible gêne dura jusqu'à ce que l'exempt français, ému de pitié, fit apporter de nouveaux fers; on ôta la ceinture de cuir, et on mit une menote au bras droit du prisonnier; elle étoit séparée, par une chaîne d'un pied de longueur, d'une autre menote qu'on attacha au bras gauche d'un des *dindres*, à la merci duquel il se trouvoit par ce moyen, en sorte que l'un des deux ne pouvoit pas faire un mouvement sans que l'autre ne s'y prêtât ou n'en fût le témoin. Arrivés au port de Rotterdam, on remit à Latude l'infernale ceinture, pour traverser à pied la ville au milieu de tout le peuple assemblé, qui le conduisit en tumulte jusqu'au port. Le prisonnier fut descendu à fond de cale de la barque, qui partit pour Anvers, où il étoit attendu par le grand prévôt du Brabant et trois archers qui montèrent dans des chaises de poste, et on conduisit le captif à Lille, les bras liés par derrière.

Dès qu'ils furent dans cette ville, l'exempt français renvoya tous les satellites étrangers, et jugeant à propos de se reposer de ses fatigues, il renferma Latude dans la prison publique, en rendant le geolier garant de la proie qu'il lui confioit. Celui-ci, pour s'en assurer davantage, s'avisa de l'attacher avec un boulon, à la chaîne d'un déserteur qu'on reconduisoit à son régiment; et qui étoit prévenu qu'on devoit l'y pendre le lendemain : cet infortuné jeune homme avoit à peine dix-neuf ans.

On vint le prendre pour lui faire continuer le funeste voyage; l'exempt Saint-Marc se plaça dans la chaise de poste à côté de lui, après avoir pris la précaution de lui faire attacher les fers aux pieds. Cet exempt étoit armé de pistolets, ainsi que son domestique, qui couroit à la portière, et qui avoit ordre de tirer sur le prisonnier au moindre mouvement qu'il feroit ; mais quelle tentative pouvoit hasarder un homme hors d'état de se mouvoir ?

CHAPITRE XXIX.

Suite de la détention de Latude. — Détention du baron de Vénac, capitaine au régiment de Picardie; du baron de Vissec; de l'abbé Prieur; du chevalier de la Rocheguerault; de Pompignan de Mirabel; du comte de la Roche-du-Maine; de Rainville, et de Thorin, suisse du canton de Fribourg.

CE fut dans cet état qu'ils arrivèrent le lendemain, sur les dix heures du matin, à la Bastille. Saint-Marc y fut reçu comme une divinité bienfaisante; pour Latude, on le dépouilla de ses vêtemens comme la première fois, on le couvrit de lambeaux, on lui mit les fers aux pieds et aux mains, et on le plongea dans un cachot avec une poignée de paille: là il eut pour gardiens tous les subalternes dont il avoit trompé la surveillance, et qui avoient été punis, par trois mois de cachot, du crime involontaire de n'avoir pas empêché son évasion.

Pendant quarante mois consécutifs, il resta dans les fers, en proie à toute l'horreur de son sort et à la tyrannie de ses impitoyables persécuteurs.

Il compta long-temps, dans le nombre de ses maux physiques, d'être tourmenté sans cesse par une foule de rats qui venoient chercher un asile et de la pâture sur sa paille; quelquefois, lorsqu'il dormoit, ils couroient sur son visage, et souvent ils lui causèrent, en le mordant, les douleurs les plus aiguës. Hors d'état de se délivrer de leur présence et forcé de vivre avec eux, il conçut le projet de s'en faire des amis; bientôt ils se familiarisèrent et s'adoucirent à un point étonnant, et il leur dut la seule distraction heureuse qu'il éprouva pendant les trente-cinq années de sa captivité. Voici comment il s'établit et se forma cette société singulière. Les cachots de la Bastille étoient octogones; dans celui qui alors renfermoit Latude, il y avoit une meurtrière à deux pieds et demi au-dessus du terrein; l'entrée avoit environ deux pieds de hauteur sur dix-huit pieds de large; elle alloit toujours en diminuant, de sorte qu'à la partie extérieure du cachot, elle n'avoit guère plus de trois pouces; c'est par cette étroite ouverture qu'entroit le peu d'air et de jour dont on lui permettoit de jouir; la pierre qui en formoit la base lui servoit aussi de siége et de table, quand, fatigué de rester sur une paille pourrie et infecte, il se traînoit à cette meurtrière pour respirer un air nouveau : alors, pour alléger le poids de ses fers, il posoit ses coudes et ses bras sur cette pierre horizontale. Un jour qu'il étoit dans cette attitude, il vit paroître, à l'autre extrémité de la meurtrière, un gros rat; il l'appela; l'animal le regarda sans montrer aucune crainte; il lui jeta doucement un peu de pain, et il eut soin de ne pas l'effrayer par un mouvement trop vif. Le rat s'approcha, prit le morceau de pain, alla le manger un peu plus loin et parut en demander un second; il le lui jeta, mais plus près; un troisième encore moins loin, et ainsi de plusieurs autres. Ce manège dura tant qu'il eut du pain à lui donner, car après avoir satisfait son appétit, le rat porta dans un trou toutes les miettes qu'il ne mangea point. Le lendemain il revint : le prisonnier fut aussi généreux, et joignit même un peu de viande, qu'il trouva meilleure que le pain. Cette fois le rat mangea en présence du détenu, ce qu'il n'avoit pas fait la veille. Le troisième jour, il s'étoit assez familiarisé pour venir prendre à la main ce qu'on lui présentoit. Il parut alors vouloir changer de demeure pour se rapprocher de son bienfaiteur; il aperçut de chacun des côtés de la meurtrière un trou assez profond; il les examina tous deux, et fit son domicile dans celui à droite, qu'il trouva sans doute le plus commode. Le cinquième jour, pour la première fois, il y vint coucher. Le lendemain, il rendit sa visite de très-bonne heure à son nouvel ami; quand il eut bien mangé, il s'éloigna, et ne reparut plus que le jour suivant, qu'il vint comme de coutume. Le prisonnier, lorsque le rat sortit de son trou, s'aperçut qu'il n'y étoit pas seul; il vit une femelle qui ne montroit que sa tête, et qui sembloit épier ce qui se passoit autour d'elle. Latude eut beau l'appeler, lui jeter du pain, de la viande, elle paroissoit beaucoup plus timide, et ne vint pas d'abord les chercher : cependant elle se hasarda peu à peu à sortir de son trou, et à prendre ce qui étoit placé à une certaine distance, quelquefois avec le mâle, et lorsqu'elle avoit été plus adroite ou plus forte, elle s'enfuyoit dans sa retraite, et emportoit ce qu'elle avoit attrapé ; le mâle accouroit alors se consoler près de son ami, et pour la punir, il mangeoit ce qu'il recevoit assez loin pour qu'elle n'osât venir le lui disputer, mais en affectant toutefois de le lui montrer, comme pour la braver. Enfin cette femelle se décida à s'approcher du prisonnier, et s'habitua à manger dans sa main. Quelque temps après il se présenta un troisième rat ; celui-ci fit moins de façons ; dès la seconde visite il fut de la famille, et s'en trouva si bien qu'il voulut que ses camarades partageassent l'amitié et les faveurs du détenu. Le lendemain il accourut accompagné de deux autres ; ceux-ci, dans la même semaine, en amenèrent cinq ; en sorte que, dans moins de quinze jours, la société fut composée de dix gros rats extrêmement familiers et caressans.

Latude leur donna à chacun un nom différent, qu'ils ne tardèrent pas à retenir. Lorsqu'il les appeloit, ils venoient manger avec lui dans le plat ou sur son assiette; mais il se trouva bientôt importuné de cette licence, et fut forcé de leur mettre un couvert à part.

Il les avoit tellement apprivoisés, qu'ils se laissoient gratter sous le cou et sembloient y trouver du plaisir; mais jamais ils ne voulurent se laisser toucher sur le dos. Quelquefois il s'amusoit à les faire jouer et à jouer avec eux. C'est ainsi qu'il eut le bonheur de distraire pendant près de deux ans ses cruels ennuis.

Latude charmoit encore les horreurs de son cachot en roulant dans sa tête différens projets sur la politique, sur la tactique militaire. A force d'instances, il obtint tout ce qui étoit nécessaire pour écrire. Son mémoire fut présenté au Roi le 14 avril 1758, du moins il crut avoir lieu de s'en flatter, et on fit usage des vues qu'il contenoit. C'est d'après son projet qu'à cette époque disparurent dans nos régimens les espontons et les hallebardes, et qu'on arma de fusils les sergens et les sous-officiers. On rendit plus active et plus utile, par ce moyen, la valeur de plus de vingt mille bons soldats qui, jusqu'à ce moment, avoit été comme enchaînée.

La seule récompense qu'il obtint fut d'être transféré dans un autre local; il respira un air moins épais, et il put contempler la voûte des cieux. On le mit dans la première chambre de la tour nommée *la Comté;* elle étoit sans cheminée, ce qui la rapprochoit beaucoup d'un cachot. Il n'avoit pu amener avec lui toute sa petite famille; il la regrettoit vivement, lorsque le hasard lui offrit le moyen de la remplacer.

Il venoit assez souvent des pigeons se poser en dehors de sa fenêtre; il conçut le projet d'en apprivoiser quelques-uns. Avec des fils qu'il tira de ses chemises et de ses draps, il fabriqua un petit filet, qu'il tendit hors de sa fenêtre et avec lequel il prit un superbe mâle; il eut bientôt alors la femelle, qui paroissoit demander elle-même à partager son esclavage. Latude mit tous ses soins à les consoler de leur captivité: il les aidoit à faire leur nid, à réchauffer, à nourrir leurs petits; ses soins et sa tendresse égaloient l'attachement qu'ils avoient eux-mêmes; ils y étoient sensibles, et cherchoient à l'en payer par des témoignages de leur affection.

Tous les officiers de la Bastille, étonnés de son adresse, vinrent en examiner les résultats. Il se plaisoit à les surprendre de plus en plus en leur parlant des jouissances qu'il éprouvoit auprès de ses chers pigeons : peu faits pour les sentir, ils ne pouvoient pas les concevoir. Cette douce et innocente satisfaction ne tarda pas à être détruite. Accompagné de plusieurs soldats, un porte-clefs lui annonça un matin qu'il venoit obéir au gouverneur, qui avoit ordonné de tuer les pigeons. Le désespoir de Latude fut inconcevable en apprenant cet arrêt inique; il troubla totalement sa raison : il vit faire un mouvement au porte-clefs pour se jeter sur les innocentes victimes de son infortune; il s'élança pour le prévenir, et, dans son désespoir, il les écrasa lui-même. Ce moment fut affreux; il ne s'en rappela jamais le souvenir qu'avec horreur.

Peu de temps après ce douloureux événement, la Bastille eut un nouveau gouverneur, et le sort des prisonniers fut adouci. Le comte de Jumilhac, fait pour honorer une semblable place, étoit généreux et compatissant; il lui fit obtenir du lieutenant-général de police, alors M. de Sartine, deux heures par jour de promenade sur le haut des tours, faveur dont on ne faisoit jouir que les personnes qualifiées ; les hommes d'une naissance vulgaire ne pouvoient se promener que dans la cour, où il n'y avoit pas de vue; au lieu que sur la plate-forme on découvroit tout Paris et les environs.

L'industrieux Latude, toujours en activité, parvint, en se promenant dans ce lieu élevé, à lier une correspondance par signes avec deux jeunes ouvrières qui logeoient à un cinquième étage, rue du faubourg Saint-Antoine, et à leur jeter même une lettre attachée à une pierre, où il les informoit des causes de sa longue détention. Le 18 avril 1764, à neuf heures du matin, il vit ces jeunes personnes se mettre à leur fenêtre et déployer un rouleau de papier, sur lequel il lut distinctement ces mots, écrits en très-gros caractères: *la marquise de Pompadour est morte hier.* Il crut toucher au moment où ses fers alloient être brisés; mais, cruellement trompé dans ses espérances, il eut l'imprudence d'écrire à M. de Sartine une lettre injurieuse. Ce fut le 27 juillet 1764 qu'il se livra à cet accès imprudent de désespoir; il lui valut d'être replongé au cachot, et d'y rester, au pain et à l'eau, jusqu'au 4 du mois d'août suivant. A cette époque, on vint au milieu de la nuit le charger de fers de toute espèce; et sous la garde d'un exempt, assisté de deux recors, on le porta dans un fiacre, où ses gardiens lui attachèrent au cou une chaîne de fer, dont ils firent passer le bout au-dessous de ses genoux, et que l'un d'entre eux tiroit avec force, de manière que le misérable captif étoit presque plié en deux. Ce fut dans cet horrible état qu'on le transféra de la Bastille à Vincennes, afin de l'isoler entièrement de tous ceux qui l'avoient connu dans cette première forteresse.

En arrivant à Vincennes il y fut mis dans un profond cachot : il avoit aussi des vengeances à y expier. Il y tomba très-malade. Le commandant eut pitié de son sort déplorable: c'étoit alors M. de Guyonnet, homme bienfaisant et sensible aux maux des malheureux; il prit sur lui de tirer Latude du cachot où il étoit enseveli; il lui fit donner une chambre commode, et lui accorda une promenade de deux heures par jour dans le jardin du donjon.

Cette faveur parut d'autant plus précieuse à Latude, qu'elle lui inspira l'espoir de s'échapper encore. Pendant huit mois consécutifs il médita ce projet, sans trouver aucune facilité de le mettre à exécution. On le surveilloit avec tant de soin qu'il lui étoit impossible de se livrer à la moindre tentative : à peine pouvoit-il, dans la solitude de son cachot, en concevoir l'idée et s'y arrêter un moment. Ses gardiens, prévenus de l'adresse et du courage dont il étoit capable pour recouvrer sa liberté, sembloient lire dans son ame et enchaîner ses pensées. Ce ne pouvoit être qu'à un hasard imprévu, et dont il auroit l'audace et la présence d'esprit de profiter, qu'il falloit confier le soin de briser ses fers; il s'en présenta un auquel il étoit loin d'avoir pu s'attendre.

Le 23 novembre 1765, il se promenoit sur les quatre heures du soir; le temps étoit assez serein; tout-à-coup il s'élève un brouillard épais; l'idée qu'il pouvoit favoriser sa fuite se présente sur-le-champ à son esprit; il s'y arrête, il l'embrasse avec transport. Mais comment se délivrer de ses gardiens, sans parler de plusieurs sentinelles qui fermoient tous les passages? Il en avoit deux à ses côtés avec un sergent qui ne le quittoit pas une minute; il lui étoit impossible de les combattre; leurs armes, leur nombre et leurs forces physiques les rendoient supérieurs au prisonnier : il ne pouvoit se glisser furtivement, ni s'éloigner d'eux; leurs fonctions étoient de l'accompagner et de suivre tous ses mouvemens. Il falloit un trait de hardiesse qui les attirât en quelque sorte, et qui permît au prisonnier de s'élancer avant qu'ils fussent revenus de leur trouble. Il s'adresse au sergent, lui fait remarquer le brouillard épais qui venoit de s'élever subitement, et lui demande comment il trouve ce temps-là. « Il me paroît fort mauvais, Monsieur, répond le sergent. » Latude reprend à l'instant avec le ton le plus calme et le plus simple : *Et moi, je le trouve excellent pour m'échapper*. En prononçant ces mots, il écarte avec ses coudes les deux sentinelles qui étoient à ses côtés; il pousse avec violence le sergent, et vole avec la rapidité de l'éclair;

il a déjà passé une troisième sentinelle, qui ne s'en aperçoit que lorsqu'il est un peu loin. Toutes se réunissent ; on entend crier de tous côtés : *arrête, arrête!* A ce mot répété les gardes s'assemblent ; on ouvre les fenêtres ; chacun, sans savoir de quoi il s'agit, crie en tumulte : *arrête, arrête!* Latude ne pouvoit échapper. A l'instant même il conçoit l'idée de profiter de cette circonstance pour se frayer un passage à travers la foule de ceux qui s'apprêtoient à le saisir. Il crie lui-même plus fort que les autres : *arrête! au voleur! arrête!* Il fait avec la main un geste qui annonce que le voleur court devant lui. Tout le monde, trompé par cette ruse et par le brouillard qui la favorisoit, suit son exemple, court et poursuit le fuyard qu'il paroît indiquer. Il devançoit de beaucoup ceux qu'il induisoit en erreur ; il n'a plus qu'un pas à franchir ; déjà il est à l'extrémité de la cour royale ; il ne reste qu'une sentinelle, mais il est difficile de la tromper, parce que nécessairement le premier qui se présentera doit lui paroître suspect. En effet, aux premiers cris qu'elle avoit entendus, elle s'étoit mise au milieu du passage, fort étroit en ce lieu ; pour surcroît de malheurs, elle connoissoit le fuyard Latude : il arrive, le soldat lui barre le chemin, en lui criant d'arrêter, ou qu'il alloit lui passer sa baïonnette au travers du corps. « Camarade, lui dit le prisonnier, vous me connoissez ; votre consigne est de vous saisir de ma personne, et non de me tuer ». Latude ralentit sa course, et l'aborde lentement ; lorsqu'il est près de lui, il s'élance sur son fusil, le lui arrache des mains avec tant de violence, que le mouvement auquel il ne s'attendoit pas, le fait tomber à terre : le prisonnier saute par-dessus le corps de cette sentinelle en jetant le fusil à dix pas de distance, dans la crainte que le soldat ne vînt à faire feu, et Latude est encore libre.

Il se cacha facilement dans le parc, il escalada le mur ; loin du grand chemin il attendit la nuit pour entrer dans Paris. Il n'hésita pas à se rendre chez les deux jeunes personnes avec lesquelles il avoit lié connoissance du haut des tours de la Bastille. Elles le reçurent avec affection, et lui prodiguèrent des soins qui montroient combien leur ame étoit compatissante et bonne. C'est ordinairement parmi le peuple infortuné, rapproché par le besoin, qu'on trouve la commisération et des sentimens humains, et non dans les classes les plus riches de la société, où règnent souvent l'égoïsme, l'intérêt, l'orgueil et l'insouciance aux maux d'autrui.

Mais convenoit-il à Latude de rester longtemps à la charge de ces pauvres et respectables filles, qui ne vivoient que du travail de leurs mains? On vantoit généralement la noble et franche loyauté du duc de Choiseul, alors ministre de la Guerre; Latude ajouta foi à l'opinion publique; il lui écrivit toutes les persécutions qu'il avoit éprouvées, et réclamoit sa puissante protection. Le duc étoit à Fontainebleau avec la Cour : Latude lui demandoit un moment d'audience pour le 18 décembre, jour où il prévoyoit arriver à Fontainebleau ; il le prioit d'être son juge, et lui demandoit pour toute faveur de ne prononcer sur son sort qu'après l'avoir entendu.

Il se mit en marche le 15, prévenu que M. de Sartine voulant s'assurer, à quelque prix que ce fût, de sa personne, le faisoit chercher avec le plus grand soin ; il ne doutoit pas que ce ne fût principalement sur la route de Fontainebleau qu'il étoit désigné et attendu ; pour éviter tant de dangers, il s'éloigna toujours du grand chemin et ne marcha que la nuit. Il faisoit un froid excessif ; la terre étoit couverte de neige et de glace. Le malheureux fugitif tomboit dans des fossés qu'il n'avoit pas la force de franchir ; il se déchiroit en passant à travers les haies : il n'avoit pas d'argent ; d'ailleurs il fuyoit tous les regards, et ne pouvoit s'adresser à personne : un morceau de pain étoit sa provision unique et fut sa seule nourriture ; mais il étoit libre, il sentoit à peine ses maux. Après avoir marché deux nuits, il arriva à Fontainebleau dans la matinée du 18, exténué par la douleur, la faim, la fatigue ; il se présenta en cet état à l'audience du duc de Choiseul. Averti qu'il étoit dans son antichambre, le ministre lui fit dire d'attendre un moment. Au bout de quelques instans, le duc traversa ses appartemens sans lui adresser un seul mot, monta dans sa chaise et se fit porter chez le duc de la Vrillière. Quelque temps après, deux exempts de police vinrent dire à Latude que les deux ministres vouloient lui parler, et qu'ils avoient ordre de le conduire. L'infortuné fugitif les suivit sans défiance; il trouva à la porte une chaise roulante dans laquelle on le plaça : les deux exempts l'accompagnoient; et au lieu de le mener chez un des ministres qu'ils lui avoient annoncé, ils le conduisirent dans un grand édifice qui lui parut être l'hôtel-de-ville, où on le garda à vue dans une chambre, jusqu'à ce qu'un autre émissaire fût venu dire que les ordres étoient de le ramener à Paris et de le mettre à la Conciergerie sous la garde du parlement, qui lui rendroit justice, et prononceroit sur son sort. En arrivant, la voiture entra dans une grande cour, et il reconnut les tours et le donjon de Vincennes : il se prépara à souffrir tout ce que la rage alloit suggérer à ses bourreaux, pour punir une de leurs victimes d'avoir voulu leur échapper.

On le jeta dans un cachot affreux, dont l'aspect seul faisoit frémir : il n'avoit pas sept pieds et demi de longueur; quatre portes, à un pied de distance l'une de l'autre, les unes garnies de fer, toutes avec trois énormes ver-

roux, en défendoient l'entrée : ce fut dans ce tombeau qu'on le précipita. Dans ce petit espace, il ne pouvoit se mouvoir, ni garder d'autre posture que celle de rester couché sur la terre, ou dans un sale fumier qu'on donnoit pour de la paille. Enveloppé dans une éternelle obscurité, il ne pouvoit plus y distinguer le jour des ombres de la nuit, et il n'avoit plus, pour y calculer les heures, que son imagination. Il sentoit approcher la mort, et il alloit succomber sous ses lentes horreurs, sans l'humanité du porte-clefs. Un jour que cet homme lui apportoit le pain noir et desséché, qui depuis tant de mois étoit son seul aliment, Latude s'efforça de se traîner vers lui, et prenant les deux mains de ce geolier, il lui dit d'une voix éteinte : « Mon ami, tu
» es homme, tu parois sensible ; j'ai surpris
» quelquefois des larmes prêtes à s'échapper
» de tes yeux à la vue de mes affreux tour-
» mens, il dépend de toi de les faire cesser ;
» choisis entre du poison ou ton couteau ;
» donne-moi l'un ou l'autre ; il me restera
» encore assez de forces pour me déchirer
» moi-même les entrailles : mais plains-moi,

» et n'accuse que mes bourreaux ». Cet homme ne répondit que par des pleurs. Il sortit du cachot, et peu de temps après arriva le chirurgien du donjon. Il trouva Latude dans l'état le plus déplorable, et prodigieusement enflé. Ce chirurgien, effrayé d'un tel spectacle, déclara qu'il falloit à l'instant même transférer le malade dans une chambre, ou qu'il alloit expirer avant vingt-quatre heures. Cette décision toucha le gouverneur : tous les porteclefs vinrent bientôt prendre le moribon ; ils le mirent sur leurs épaules, et le transportèrent dans la première chambre à gauche à l'entrée du donjon. Peu à peu les bons traitemens le rétablirent dans une meilleure santé.

Il ne tarda pas à trouver le moyen, à l'aide d'un petit morceau de fer, de percer un mur de six pieds, et de s'entretenir avec les prisonniers qui avoient la permission de se promener dans le jardin de la forteresse.

L'un d'eux lui apprit qu'il se nommoit le baron de Venac, capitaine au régiment de Picardie, fils du comte de Béluse, natif de St.-Cheli en Languedoc. Depuis dix ans il expioit le tort d'avoir donné à la marquise de

Pompadour un avis qui, en intéressant son existence, pouvoit aussi humilier son orgueil.

Voici une lettre de M. de Sartine, adressée à M. Guyonnet, commandant au donjon de Vincennes, en date du 4 décembre 1759, relative au baron de Venac : « Le sieur Dardet
» et sa femme, qui sont chargés, Monsieur,
» des affaires de famille et domestiques du
» baron de Venac, détenu de l'ordre du Roi
» au donjon de Vincennes, m'ayant demandé
» la permission de le voir pour lui porter des
» hardes et des pastilles d'althea, et lui rendre
» compte au surplus de ses affaires, je vous
» prie de leur permettre de lui parler, et de
» lui remettre les effets en question, après
» toutefois que la visite et l'analyse des pas-
» tilles auront été faites exactement, suivant
» l'usage, et le tout en observant les précau-
» tions ordinaires ».

Un autre prisonnier, connu de Latude, étoit un gentilhomme de Montpellier; il se nommoit le baron de Vissec. La marquise de Pompadour le fit arrêter, *sur le soupçon qu'il avoit mal parlé d'elle.*

Un troisième détenu étoit un ecclésiastique,

né à Paris, et se nommoit l'abbé Prieur. Il s'étoit mis dans la tête de faire une nouvelle orthographe, qui avoit pour but d'écrire beaucoup de mots de notre langue avec le moins de lettres possible (1). Il s'avisa de faire passer au roi de Prusse (Frédéric-le-Grand) quelques détails sur sa découverte : il savoit combien ce monarque accueilloit et protégeoit les talens, et il lui offrit l'hommage des siens. Il forma sa lettre de mots et de caractères bizarres qui la rendoit indéchiffrable : elle fut ouverte à la poste ; probablement les ministres ne pouvant y rien comprendre, crurent voir des hiéroglyphes, dont le sens mystérieux cachoit les secrets de l'Etat, et ils firent conduire l'abbé Prieur à Vincennes, où il mourut au bout de plusieurs années de détention.

Latude s'entretenoit aussi avec le chevalier de la Rochegueraut, arrêté dans Amsterdam,

―――――――――

(1) Seroit-ce là l'inventeur en France de la tachygraphie, ou l'art d'écrire aussi vite que la parole, dont on est parvenu à tirer une si grande utilité ? Il faudroit avouer qu'il auroit été bien mal récompensé.

parce qu'il étoit *soupçonné* d'être l'auteur d'une brochure qui avoit paru contre madame de Pompadour : il y avoit vingt-trois années qu'il étoit enfermé, et ne connoissoit pas même cette malheureuse brochure. Non-seulement on ne lui opposoit aucune preuve qui l'accusât, mais on ne daignoit pas l'admettre à se justifier, on refusoit de l'entendre.

Pompignan de Mirabelle, courbé sous le poids des années, raconta à son tour qu'ayant entendu réciter quatre vers très-satiriques, il avoit eu le malheur de les répéter dans une compagnie nombreuse. M. de Sartine en fut informé par le moyen de ses espions. « Averti, » dit le chevalier, qu'il alloit lancer contre » moi une lettre-de-cachet, je me présentai » chez ce magistrat, en le priant de me dire » dans quelle prison il vouloit que je me ren- » disse : A Vincennes, me répondit-il. Je » montai dans mon carosse, et sans retourner » chez moi, je vins me constituer prisonnier » au donjon. A peine y fus-je séquestré, que » l'ordre de ma détention arriva. Je crus dans » le premier moment que ce n'étoit qu'un jeu; » il dure depuis onze ans. J'ai vu diverses

» fois M. de Sartine, dans les visites qu'il a
» coutume de nous faire une fois par an, et
» je n'ai jamais pu en tirer que ces mots : Ou
» vous êtes l'auteur des vers en question, ou
» vous connoissez celui qui les a faits ; dans
» le second cas, votre silence opiniâtre vous
» rend aussi coupable : nommez-le et vous re-
» devenez libre. Il m'auroit été bien difficile
» de révéler ce nom, si j'avois été capable de
» cette indignité, puisqu'il m'étoit absolument
» incohnu. »

Un des prisonniers qui témoigna le plus de confiance à Latude, et dont les infortunes sont faites pour intéresser tous nos lecteurs, étoit le comte de la Roche-du-Maine. Il avoit deux fils au service, et une fille en pension à l'abbaye Saint-Antoine ; il vivoit dans une de ses terres, appelée la Grange-Chancel, nom fameux depuis long-temps dans les annales de la poésie (1) ;

---

(1) A cause de la Grange-Chancel, auteur des odes fameuses intitulées *les Philippiques*, dirigées contre Philippe duc d'Orléans, régent de France, qui fit conduire le poète satirique aux îles Sainte-Marguerite.

il apprit que sa fille aînée, qui se répandoit quelquefois dans le monde, avoit eu le malheur d'être honorée de la tendresse de Louis XV, et qu'il l'avoit élevée au rang de ses maîtresses. Il accourt, il doute encore de son deshonneur, il vole à l'abbaye Saint-Antoine : on ignore ce que sa fille est devenue. Il se hâte de se rendre à Versailles ; il s'adresse à Lebel, valet-de-chambre du Roi, et l'intendant de ses plaisirs depuis la mort de madame de Pompadour ; celui-ci assure qu'il ne la connoît pas. Ce malheureux père, forcé de renfermer au fond de son cœur sa douleur et sa honte, n'osoit se faire aider dans ses recherches. Un jour il croit apercevoir sa fille dans une chaise à porteurs ; il s'approche, ne peut douter que ce soit elle, et lui ordonne de le suivre. Après s'être éclairci du malheur qu'il redoutoit, il sentit qu'il ne pouvoit s'y opposer ; et il en profita pour l'avantage de ses autres enfans. Il vint prendre un logement à Paris, où cette fille, peu vertueuse, se rendoit souvent quand il n'alloit pas la trouver à Versailles.

Un Jésuite, qui cherchoit à s'introduire

près de mademoiselle de la Roche-du-Maine en 1760, commença par se lier avec le père. Celui-ci le présenta et le recommanda à sa fille : c'étoit tout ce que desiroit ce religieux aussi rusé qu'hypocrite, qui réunissoit tous les vices séducteurs et dangereux. Il réussit facilement auprès de cette jeune personne sans expérience, et partagea bientôt les plaisirs avec l'amant couronné. Mais la présence du père les troubloit souvent, et craignant d'être démasqué, vu l'empire que le vieillard avoit sur l'esprit de la demoiselle, il lui persuada qu'il n'étoit pour elle qu'un témoin importun, et l'engagea à solliciter contre son propre père une lettre-de-cachet. Le vieillard fut traduit à Rouen dans la forteresse de Saint-Yon, et les ordres les plus précis furent donnés pour ne point permettre à ce prisonnier d'écrire à qui que ce soit.

Il étoit dans cette forteresse, en 1766, lorsque plusieurs de ceux qui s'y trouvoient détenus, formèrent le projet de s'évader. Ils prirent le moment de la messe où ils assistoient tous ensemble : à un signal convenu, ils se lèvent, se réunissent, écartent leurs gardiens, se saisissent des chaises, des bans, brisent les portes; ils en imposent par leur nombre, par leur courage, ils franchissent tous les obstacles, ayant au milieu d'eux le comte de la Roche-du-Maine.

Forcé de fuir, de se dérober aux recherches de sa coupable fille, le comte crut se procurer un asile à Paris dans un couvent de Bénédictins, dont le prieur étoit son ami. Ce bon religieux l'envoya chez un de ses fermiers dans un village situé à cinq lieues de Paris; il n'y fut pas long-temps sans être découvert; sa fille, doublement criminelle, obtint une seconde lettre-de-cachet; il fut conduit à Saint-Lazare, et transféré à Vincennes.

Enfin, la dernière confidence que reçut Latude fut celle-ci. Le donjon recéloit trois prisonniers soustraits à tous les yeux et ne jouissant jamais du plaisir utile de la promenade; c'étoient les sieurs Buynan, Rainville et Leprévôt (1). Ils avoient osé s'expliquer sur le monopole du bled, qui, sur la fin du règne

_____

(1) L'article curieux concernant ce dernier sera placé plus bas, à son ordre chronologique.

de Louis XV, faillit affamer le royaume. Leur patriotisme parut un crime qu'on ne pouvoit punir trop sévèrement.

Revenons aux souffrances particulières de Latude. Un jour on ouvre la porte de sa chambre; le lieutenant du Roi entre avec précipitation, et lui annonce M. de Malesherbes. Ce magistrat estimable et bienfaisant venoit d'être appelé au ministère, et toute la France avoit lieu de compter sur ses vertus. Lorsque Latude lui dit que sa captivité duroit depuis vingt-six années la physionomie du sage magistrat exprima la plus vive indignation; il l'invita à se consoler, et sortit en l'assurant que dans peu il auroit lieu d'être satisfait.

Latude croyoit enfin voir tomber ses fers, sur-tout lorsqu'il fut mandé dans la chambre du conseil, où le lieutenant du Roi lui dit que M. de Malesherbes, décidé à lui rendre la liberté, avoit ordonné qu'on lui demandât un état de ses biens, de ses ressources, et en même temps la liste des hardes dont il pouvoit avoir besoin pour sa sortie : Latude répondit sur le premier objet, qu'après tant d'années du plus affreux esclavage, il étoit impossible qu'il fût malheureux dès qu'il seroit libre, dans quelque position qu'il se trouvât d'ailleurs. Il donna ensuite la note des principaux effets dont il avoit le plus impérieusement besoin ; il se garda bien de rendre trop longue cette liste, dans la crainte de prolonger de quelques jours sa captivité.

Mais on persuada à M. de Malesherbes que Latude avoit l'esprit aliéné. Ce ministre trop crédule, le regardant comme un malheureux qu'on ne pouvoit plus rendre à la société, se contenta de le tirer d'une prison, où le gouvernement étoit supposé ne renfermer que des criminels d'État pourvus de toute leur raison, et il le plaça avec les foux dans l'hôpital de Charenton.

Il y avoit neuf jours qu'on lui avoit demandé de la part de ce ministre la note des effets dont il avoit besoin pour sa sortie ; depuis ce moment il ne sentoit plus le poids de ses fers, il jouissoit d'avance du bonheur d'être libre. On étoit alors au mois de septembre 1775 ; le 27 son geolier ouvre la porte avec vivacité et s'écrie rempli de joie : « Monsieur tous vos » maux sont finis, on apporte l'ordre de votre

» liberté ». Latude s'empresse de marcher sur les pas de l'homme qui vient de lui apprendre cette heureuse nouvelle ; il entre dans la chambre du conseil ; le major lui fait signer sa sortie, et l'accompagne jusque dans la cour : il y trouve M. de Rougemont, commandant au donjon, et deux exempts de police. Un de ces derniers lui dit : « Le ministre croit nécessaire » de ne vous habituer que lentement et par » degrés à respirer un air plus libre : vous allez » passer quelques mois dans un couvent de » moines, à peu de distance d'ici ; j'ai ordre » de vous y conduire ». Peu satisfait de ces paroles, il monta dans un fiacre en gardant un profond silence ; à peine venoit-il de s'y placer, qu'il y vit entrer un autre prisonnier qui paroissoit un spectre, tant son corps étoit décharné et ses joues creuses et livides ; il étoit depuis dix-huit ans dans le donjon de Vincennes ; il ignoroit encore où on alloit le conduire. Les deux exempts, en les rejoignant dans la voiture, firent garrotter Latude avec des cordes et le fiacre se mit en route. Le compagnon d'infortune causa beaucoup avec les exempts ; il leur apprit qu'il étoit Suisse, du canton de Fribourg, et qu'il se nommoit Thorin (1).

Arrivés à Charenton, les exempts remirent leurs prisonniers entre les mains de quelques religieux, frères de la Charité, à qui étoit confiée l'administration de cette maison, hospice, couvent et prison tout à-la-fois.

Latude n'avoit aucune connoissance du lieu dans lequel il venoit d'être traduit. Il traversoit silencieusement une cour spacieuse en suivant ses nouveaux hôtes; il vit une quarantaine d'hommes, dont les uns dansoient d'une manière extravagante, tandis que d'autres, couronnés de feuilles de papier ou de chiffons, marchoient avec une dignité grotesque. Il demanda ce que signifioient ces étranges personnages; le frère qui le conduisoit lui répondit que tous ces gens-là étoient des foux. Il ne put en entendre davantage; indigné, furieux, au désespoir, il tomba sans connoissance : son guide appela deux porte-clefs, qui le traînèrent dans une cham-

---

(1) Il en sera fait mention dans l'un des chapitres suivans.

bre, où ils l'enfermèrent à plusieurs tours.

Quelques instans après entrèrent le même frère avec les deux porte-clefs; ils lui présentèrent une chemise et un bonnet, en lui ordonnant de se déshabiller entièrement, de se revêtir du linge qu'on lui apportoit et de se coucher ensuite. Il leur observa qu'il n'étoit que deux heures après midi ; il voulut résister ; mais voyant qu'on s'apprêtoit à user de violence, il se soumit à tout ce qu'on exigeoit. Ces hommes sortirent en refermant soigneusement la porte à la clef et aux verroux, et emportant ses habits pour les fouiller. Il apprit, par toutes ces précautions, qu'il n'avoit fait que changer de supplice et de bourreaux, et qu'il étoit encore dans une véritable prison.

Au bout de quelques heures, on lui apporta ses habits, et on lui dit qu'il pouvoit se lever et s'habiller. Il prit ce parti, et alla s'appuyer sur sa fenêtre, qui étoit garnie d'une grille énorme, dont les barreaux très-rapprochés laissoient à peine un foible passage à la lumière. Il cherchoit en vain à deviner ce que pouvoit signifier un bruit affreux que faisoient cinquante hommes au moins qui hurloient d'une manière effrayante, comme si on les eût écorchés : il apprit dans la suite qu'au-dessous de sa chambre étoient les catacombes (1), ou loges des frénétiques furieux que l'on tenoit enchaînés.

Sur le soir on vint passer à Latude son souper par un guichet qui donnoit dans le corridor : il consistoit en un morceau de mouton rôti, un peu de pain blanc, du vin et de l'eau. Vers les dix heures du soir il se jeta sur son lit, croyant y goûter quelque repos ; mais il fut étrangement surpris d'entendre deux personnes se permettre d'interrompre le silence redoutable de la nuit, que depuis tant d'années il étoit accoutumé à voir respecter si religieusement : l'un de ces individus étoit un prisonnier enfermé dans la chambre attenante à la sienne ; l'autre logeoit exactement au dessus : « As-tu vu, demanda le premier, » qu'on appeloit Saint-Luc, as-tu vu le pri» sonnier qu'on a amené de Vincennes au-

_____

(1) Appelées sans doute de la sorte par allusion aux *Catacombes* de Rome, lieux souterrains où l'on enterroit les premiers chrétiens et les martyrs.

» jourd'hui et qu'on a mis dans la chambre
» voisine ? — Non, répondit l'autre, nommé
» Saint-Magloire ; j'étois à faire ma partie
» dans la chambre du vicomte. — Des quatre
» qu'on a envoyés de ce château depuis hier,
» il est le seul qu'on ait enfermé ; on a laissé
» aux trois autres la liberté des corridors. —
» C'est sans doute un fou dangereux ». A ce
propos, Latude s'écria qu'il n'étoit ni dangereux ni fou, mais seulement un malheureux à qui on avoit fait souffrir plus de tourmens qu'il n'en faudroit pour égarer l'esprit et troubler la raison. « Soyez le bien-venu,
» lui dit l'un des deux, et ne vous formalisez
» point de nos discours : nous vous supposions endormi, et nous sommes prêts à
» vous donner toutes les preuves qui seront
» en notre pouvoir de l'intérêt que vous nous
» inspirez. — Vous connoissez sans doute,
» reprit Saint-Luc, les personnes amenées
» ici hier et aujourd'hui de Vincennes ? — A
» la Bastille et à Vincennes, reprit Latude,
» les détenus n'ont entre eux aucune relation ; chacun est étroitement renfermé dans
» sa chambre ou son cachot ; ils ne se voient

» et ne se parlent jamais. Je remarque avec
» étonnement qu'ici vous n'êtes point soumis
» aux mêmes règles. Ce n'est donc pas un
» crime dans cette prison de se parler ? —
» Nuit et jour, dit Saint-Magloire, nous pou-
» vons causer ensemble et même nous voir. —
» Pardonnez ma réflexion, poursuivit La-
» tude, on m'a dit que cette maison ne ren-
» fermoit que des foux : vous êtes tous deux
» loin de le paroître ». Saint-Magloire reprit
la parole : « On n'y place pas seulement les
» foux, mais on y détient aussi les jeunes
» gens à qui on croit une mauvaise tête, et
» que la fougue des passions ou l'erreur d'un
» moment entraîne un peu loin des bornes de
» la froide sagesse. Leurs grands parens les
» enferment ici comme s'ils avoient commis
» des crimes, tandis qu'ils ne songeoient qu'à
» se divertir ; ils y achèvent souvent de se
» rendre volontaires et déterminés libertins.
» Pour moi je n'ai que dix-sept ans, je m'ac-
» coutume à ne prendre conseil que de ma
» tête ; ma famille l'a voulu : il faut espérer
» qu'un jour elle n'aura pas à se plaindre. »
Latude apprit dans la suite que celui de ses

compagnons, qu'on appeloit Saint-Luc, étoit le baron de Prilles, fils d'un exempt des Gardes-du-corps; il étoit de Strasbourg; il servoit lui-même dans les Gardes, compagnie de Villeroi. Il commit un jour l'imprudence d'entrer au Parc-au-cerf (1); probablement pris de vin, il fit du tapage, et on le priva de sa liberté pour avoir osé profaner l'asile secret consacré aux plaisirs du monarque. Le baron de Prilles avoit acquis un ascendant singulier sur tous les chefs de Charenton; pétillant d'esprit et d'une aimable vivacité, il trouvoit toujours les moyens d'obtenir d'eux tout ce qu'il desiroit: il se faisoit bien servir; mais il usoit sur-tout de son crédit en faveur des prisonniers. Il conçut une vive amitié pour Latude, et lui traça la marche qu'il devoit suivre dans cette maison.

Charenton étoit spécialement destiné à servir d'asile aux foux; les uns étoient dans un état continuel de démence et de fureur;

---

(1) Maison de plaisance située dans le parc de Versailles, où Louis XV tenoit ses maîtresses subalternes.

on les enfermoit, quelquefois enchaînés, dans des espèces de loges, dont ils ne sortoient jamais. D'autres n'éprouvoient ces accès de fureur que périodiquement et à certaines époques de l'année; pendant cet intervalle ils jouissoient de toute leur raison; alors ils avoient la liberté de se promener par-tout, et on ne les enfermoit qu'à l'instant où ils alloient retomber dans leurs accès. D'autres enfin n'avoient qu'une démence tranquille et quelquefois plaisante : ils avoient ordinairement la permission de sortir de leur chambre, de se voir, de se réunir, de vaquer dans toute la maison ; quelques-uns même obtenoient celle d'en sortir pendant le jour.

Indépendamment de cette classe de prisonniers, qu'on nommoit *pensionnaires* dans la maison, il y en avoit d'autres qui étoient détenus en vertu de lettres-de-cachet, ou simplement par les ordres du ministre, et quelquefois par le crédit des familles auxquelles ils appartenoient. Ces derniers payoient une pension, dont les moindres étoient de huit cents livres; il y en avoit d'un prix très-considérable. La nourriture proportionnée à ces divers arrangemens étoit en général assez bonne. Tous ces pensionnaires étoient plus ou moins étroitement resserrés, selon les ordres donnés aux religieux qui administroient la maison.

Le jeune baron de Prilles donna à Latude tous ces détails, ainsi que les renseignemens dont il avoit besoin pour se conduire dans sa nouvelle habitation; mais, non-content d'être son guide, il voulut savoir pourquoi, contre l'usage ordinaire, on le tenoit enfermé, et obtenir au moins la permission de venir le voir et de lui amener quelques-uns de ses camarades, s'il ne pouvoit pas lui procurer celle de sortir de sa chambre. Il alla trouver le Supérieur de la maison, qui lui dit qu'il n'avoit pas reçu d'ordre précis de l'enfermer; mais que l'un des deux exempts avoit assuré que Latude étoit un homme dangereux dont il falloit se défier. Le Supérieur ajouta que puisque ce rapport n'avoit rien de réel, il permettoit que ce détenu jouît de tous les priviléges accordés aux autres prisonniers transférés du donjon de Vincennes.

Il y avoit dans la maison de Charenton plusieurs salles communes, où tous les pensionnaires pouvoient se réunir : dans l'une on trouvoit un billard; dans d'autres, des tric-tracs, des cartes mêmes, des gazettes et des livres. Il y avoit aussi une chapelle où, à des heures fixes on disoit la messe, à laquelle il dépendoit d'eux de ne point assister: on ne les forçoit même pas de manger maigre les vendredis et samedis. Le matin on leur apportoit à déjeûner dans leur chambre en venant la leur ouvrir; à onze heures ils y recevoient leur dîner, à six heures du soir leur souper; un coup de cloche les avertissoit de ce moment; un autre, à neuf heures en été, et à huit en hiver, sonnoit la retraite: il falloit alors qu'ils se couchassent.

Parmi les foux tranquilles il y en avoit de très-amusans. Un d'eux, nommé Grenot, chevalier de Saint-Louis, capitaine de grenadiers dans le régiment de Picardie, se croyoit dieu: il avoit du bon sens à tout autre égard; mais il se montroit intraitable sur l'article de sa divinité. Il assistoit exactement à la messe, et sa folie alors étoit de tourner au moment de la consécration; il répondoit à ceux qui lui reprochoient cette irrévérence : « C'est plus

» fort que moi, je ne peux pas souffrir de me
» voir manger tout vivant. »

La correction qu'on faisoit subir à tous les foux lorsqu'ils faisoient les mutins, leur paroissoit terrible. On leur lioit les mains, on les plaçoit près d'une grande cuve pleine d'eau fraîche; plusieurs porte-clefs se saisissoient du coupable, et lui faisoient faire le plongeon à plusieurs reprises. On infligeoit aussi cette punition aux autres pensionnaires de Charenton, lorsqu'ils y menoient une conduite trop répréhensible, et ils la redoutoient comme un véritable supplice qui les confondoit avec les foux.

Lorsque ceux-ci étoient atteints de leurs accès périodiques, on les descendoit dans les loges ou *Catacombes*, où on les enchaînoit, et quelquefois même on les mettoit dans des cages de fer. Quand leur frénésie étoit passée, on les ramenoit dans le corps-de-logis des pensionnaires. Un de ces malheureux avec lequel Latude causoit un jour, et qui étoit revenu depuis peu dans les bâtimens supérieurs, lui apprit que d'Alègre, cet ancien compagnon, qui avoit partagé sa fuite étonnante de la Bastille, avoit été chargé de chaînes, et jeté dans un cachot sur la paille et sans couverture. Cet infortuné n'avoit pu supporter son horrible misère ; le désespoir avoit égaré sa raison ; sa folie étoit de la rage et elle étoit continuelle. On l'avoit transféré à Charenton, où, depuis plus de dix ans, on le tenoit enfermé dans une loge, sans qu'on eût pu calmer un moment ses transports furieux.

Latude désira si vivement revoir celui dont il conservoit le plus tendre souvenir, qu'on se rendit à ses vives instances. Les foux furieux déchirent et dévorent ordinairement leurs habits ; on les laisse entièrement nus ; mais on ne voulut pas montrer à Latude son ancien compagnon dans cet état affreux. Il entra en frémissant dans sa sombre et horrible demeure ; il croyoit retrouver son ami, il ne trouva plus qu'un squelette épouvantable. Latude lui saute au cou pour l'embrasser ; il est repoussé avec une sorte d'horreur. « Ne reconnois-tu plus » ton ancien ami, lui dit-il en fondant en lar- » mes ? Je suis Latude ; c'est moi qui t'aidai » autrefois à fuir de la Bastille : ne t'en sou- » viens-tu pas » ? D'Alègre porta sur son ancien compagnon d'infortune un regard effrayant, et avec un son de voix terrible, il lui dit : « Non, je suis Dieu » ; et garda ensuite un silence farouche. Latude étoit désolé; il gémissoit, il poussoit des sanglots : on l'arracha de ce lieu d'horreur et d'effroi.

Quelque temps après cette scène lamentable, le ministre Amelot envoya une lettre-de-cachet qui rendoit Latude entièrement libre; elle fut apportée à Charenton le 5 juin 1777, par un inspecteur de police. Il sortit à l'instant même. Il étoit sans chapeau, sans habit, n'avoit qu'une seule paire de bas, une culotte déchirée, de vieilles pantoufles, au lieu de souliers, que les religieux de la Charité lui avoient données, et il n'étoit qu'à demi-vêtu d'une redingotte qu'il avoit achetée à Bruxelles avant l'époque de sa longue et rigoureuse détention : enfin, il ne possédoit pas un sou, et quel ami lui restoit-il à implorer ? Mais que lui importoit le dénuement, la misère ? il étoit libre.

On lui avoit expressément recommandé d'aller trouver le lieutenant-général de police (M. Lenoir). Mais comment oser s'y présenter dans l'état de pauvreté extrême où il se trouvoit réduit ? Il se rappela qu'on lui avoit parlé d'un compatriote établi au Gros-Caillou (1). Il courut lui découvrir sa triste situation, et en reçut tous les secours que l'infortune a droit d'attendre des vrais amis de l'humanité. La lettre-de-cachet qui lui ouvrit les portes de Charenton étoit une lettre d'exil, puisqu'elle lui enjoignoit de se rendre à l'instant même à Montagnac, sa patrie, avec défense d'habiter aucun autre lieu, sous quelque prétexte que ce fût. Sans perdre un seul instant, il se rendit chez M. Lenoir dès qu'il en eut la possibilité. Ce magistrat lui parla avec intérêt, et lui dit qu'un de ses secrétaires, nommé Boucher lui donneroit (à lui Latude) l'adresse d'une personne chargée par sa famille de lui remettre l'argent dont il auroit besoin pour s'acheter les choses les plus nécessaires, et retourner dans sa patrie.

Les malheurs de Latude ne sont point encore à leur terme. Autorisé par le ministre, il ne s'embarqua que le 12 juillet sur le coche d'Auxerre. Le 15 il étoit à Saint-Brice, à quarante-trois lieues de Paris, sur la route de

---

(1) Village contigu à Paris.

Montagnac. Un homme l'aborde, se dit exempt de police, nommé Desmarets, et lui déclare qu'il l'arrête de par le Roi.

On le met dans une chaise de poste; l'exempt s'y place à côté de lui; ils reprennent à l'instant même le chemin de Paris, où ils arrivent le lendemain 16 juillet. On le conduisit au Petit-Châtelet, où il fut renfermé entre quatre murailles, sans pouvoir parler ni écrire à personne. Le 1er août, on vint le tirer de cette espèce de cachot, et après avoir payé de son propre argent le loyer de la chambre où on l'avoit séquestré, on le fit monter dans un fiacre, et il fut mené à Bicêtre, comme s'il eût été de sa destinée d'être traîné dans toutes les prisons d'Etat de Paris. Arrivé dans ce triste lieu, on le dépouille de ses habillemens, et après l'avoir mis tout nu, on le revêtit d'une chemise de toile grossière, d'un gilet sans manches, d'un habit et d'une culotte de bure; on lui donna une paire de sabots et un vilain bonnet de laine. Dans ce misérable accoutrement, il fut conduit par deux soldats armés de bâtons, dans un sombre cachot, où on lui donna du pain et de l'eau.

Les prisonniers envoyés par la police à Bicêtre, ou condamnés par jugement à cette réclusion, ont un autre costume que celui que nous venons de décrire : la veste, la culotte et le bonnet sont de couleurs moitié blanche et moitié noire.

A Bicêtre, la disposition est telle que tous les prisonniers qui ne se voyent pas, peuvent cependant se parler et s'entendre. Dans de vastes corridors sont pratiquées une infinité de petites loges qu'on nomme *Cabanons* (1), dans chacune desquelles on place un prisonnier qui, pour tout ameublement, y trouve un méchant grabat, sans table ni chaise, et une écuelle de bois qui lui sert pour manger sa soupe et pour boire. Les corridors ont environ six pieds de largeur; toutes les portes des cabanons sont vis-à-vis les unes des autres; à chacune il y a un guichet par lequel on sert aux prisonniers le pain et l'eau, leur unique nourriture; à la même heure on ouvre tous ces guichets; les prisonniers sortent leur tête par ces trous; alors ils se voient, se parlent, se conseil-

---

(1) Comme qui diroit petites cabanes.

lent, pestent, s'injurient, se battent quelquefois à coups de bouteilles et de sabots qu'ils se jettent à la tête, jusqu'à ce que le sergent de garde vienne, accompagné de quelques hommes vigoureux, les assommer à coups de bâtons.

On ne laisse à ces prisonniers, dont la fenêtre donne sur la cour intérieure, qu'un petit morceau de fer, avec lequel ils ont l'adresse de faire des ouvrages en paille très-curieux, des étuis, des boites, des portefeuilles. Ceux qui logent au rez-de-chaussée sont les plus favorisés ; ils excitent l'envie dans ce triste séjour, parce qu'ils s'établissent marchands et font travailler leurs compagnons des étages supérieurs, qui ne cessent d'admirer l'agrément et de vanter les avantages des logemens d'en bas. Un malheureux, en arrivant aux cabanons, ne sait comment se fabriquent ces petits ouvrages ; un compagnon d'infortune, qu'il ne voit point, lui montre ce genre de travail qui exige tant de patience ; et c'est en se servant de plusieurs morceaux de miroirs croisés réciproquement avec un art infini, qu'il vient à bout de l'instruire. Par ce moyen ingénieux ils se voient, se parlent, et correspondent par signes : les habitans des étages les plus élevés communiquent avec celui qui est logé le plus bas.

Il y avoit six années que le malheureux Latude s'éteignoit peu à peu dans la prison de Bicêtre, lorsqu'il dut sa liberté à l'humanité d'une femme digne de servir d'exemple à toutes celles qui se piquent le plus de vertu et de bienfaisance. Simple marchande mercière, et épouse d'un homme qui donnoit des leçons particulières de latin, la dame Legros, au mois de juin 1781, aperçut au coin d'une borne, rue des Fossés-Saint-Germain-l'Auxerrois, un paquet de papier froissé et couvert de boue, qu'on a su depuis avoir été perdu par un commissionnaire; elle le ramassa, et rentrée chez elle, elle examina ce qu'il contenoit. C'étoit un mémoire qui exposoit une partie des étonnans malheurs d'un homme privé de sa liberté depuis trente-deux ans, et qui du fond de l'abîme où il étoit enseveli, imploroit la bienfaisance et la justice humaine, si elles existoient encore dans le monde. Ce mémoire si touchant étoit signé *Henri Masers* DE LATUDE, *prisonnier à Bicêtre, dans les Cabanons, et au pain et à l'eau depuis un grand nombre d'années.*

Madame Legros se persuada que le ciel avoit permis que cette relation déchirante tombât entre ses mains, pour qu'elle secourût de tout son pouvoir cet infortuné. Sans considérer la détresse où elle étoit elle-même, et l'obscurité dans laquelle elle vivoit, elle s'enflamma du zèle le plus généreux, et fit partager à son mari les sentimens qui l'animoient. A force de soins, de peines et d'argent, elle parvint à faire tenir au prisonnier une lettre conçue en ces termes : « J'ai trouvé votre
» mémoire, qui m'a beaucoup attendrie ; ac-
» cordez-moi, je vous en prie, une entière
» confiance ; je ferai tout ce qui est en mon
» pouvoir pour vous être utile : envoyez-moi
» un détail bien circonstancié de vos affaires,
» et sur-tout ne me déguisez rien. Je ne signe
» pas, crainte de quelque malheur. On vous
» instruira de ma demeure ».

L'infortuné se hâta de lui faire passer les renseignemens dont elle avoit besoin. Charmée de ne le savoir coupable que d'une imprudence de jeunesse, elle commença, dès ce moment, à faire tous ses efforts pour le tirer de son étonnante et horrible captivité. Elle ne se livra point à un simple mouvement d'humanité, sujet à se refroidir bientôt après; ce fut un sentiment durable de commisération, qui chaque jour acquéroit de nouvelles forces : son zèle ne se ralentit point pendant trois ans consécutifs. Quelle récompense espéroit-elle de ses dépenses, de ses démarches continuelles ? Le prisonnier n'avoit rien, absolument rien. Elle cherchoit à goûter la douceur de faire une bonne action. Son mari et elle dérobèrent sur leur plus étroit nécessaire de quoi payer les voitures qui les transportoient à Bicêtre, ou chez des personnes puissantes dont ils s'efforçoient d'émouvoir la sensibilité, et quelquefois même à plusieurs lieues de Paris. Mais il n'étoit pas toujours facile de pénétrer auprès des grands seigneurs. L'estimable madame Legros sut franchir tous les obstacles. Voici, entre autres, comment elle parvint à un protecteur très-illustre : elle commença par gagner la femme du suisse, en lui racontant une partie des longues infortunes qu'elle désiroit terminer. Au bout de vingt ou trente visites, la femme du suisse lui procura la connoissance du secrétaire, et celui-ci l'admit devant le puissant seigneur qu'il s'agissoit d'attendrir. Mais elle n'étoit pas constamment heureuse dans ses démarches; elle entendit parler d'une personne de la cour qui pouvoit beaucoup en faveur de Latude. Elle se rendit aussitôt à Versailles : on lui dit que cette personne étoit dans une maison de campagne, à sept lieues de Paris; elle s'y transporte, et apprend qu'elle venoit d'en partir depuis une heure. Il fallut revenir à Paris, la bourse épuisée, et réduite à faire la route à pied, ou dans les voitures qu'elle rencontroit sur les chemins. Le lendemain elle retourna à Versailles, sans songer qu'elle étoit enceinte, que les fatigues qu'elle éprouvoit, l'incommodoient beaucoup dans sa grossesse; et quoiqu'elle se fût donnée une entorse qui la faisoit horriblement souffrir, et qui la contraignit enfin de rester six semaines au lit : dès qu'elle put marcher, elle continua ses vives sollicitations.

Les vœux de cette femme respectable furent enfin comblés. Le baron de Breteuil, en 1784, brisa les fers du malheureux de Latude, devenu libre au bout de trente-cinq années du plus affreux et du plus injuste esclavage. Le ministre lui obtint de Louis XVI 400 livres de pension viagère. Cette foible indemnité fut augmentée au commencement de la révolution de 1789. Autorisé par un décret de l'assemblée constituante, Latude plaida contre la famille de madame de Pompadour, qui fut condamnée à lui payer une somme de 30,000 francs.

La même année où Latude fut rendu à la société, sa généreuse protectrice, madame Legros, reçut une récompense éclatante et honorable de sa rare bienfaisance. L'académie françoise, dans sa séance publique du 25 août, lui décerna le prix de la meilleure action, consistant en une médaille d'or de 1200 liv. La vertu, malgré la corruption des mœurs, ne reçoit pas toujours un hommage stérile.

Le lendemain de la prise de la Bastille, le 16 juillet 1789, Latude se rendit dans cette forteresse, et y trouva, avec un plaisir inexprimable, son échelle de corde, celle de bois, et une grande partie des objets dont il s'étoit servi pour escalader cette prison d'État : ils étoient renfermés dans les archives, sous une espèce de trape; on les avoit conservés comme un modèle étonnant de l'industrie humaine. On y avoit joint un procès-verbal, signé le 27 février 1756, par Chevalier, major de la Bastille, et par le commissaire Rochebrune, constatant tous les faits qu'on vient de lire. Tous les objets curieux, à tant d'égards, furent portés à l'assemblée municipale, qui ordonna qu'ils seroient rendus à Latude. L'année suivante ils furent exposés au *Muséum* des tableaux, dans une des salles du Louvre, où ils excitèrent l'admiration et l'étonnement du public.

Cet illustre infortuné mourut à Paris le 11 nivôse an 13 (1er janvier 1805), à l'âge de quatre-vingts ans. Sa longue et cruelle détention n'avoit aucunement altéré sa santé. Il étoit très-actif, et faisoit seul de grandes promenades. Les héritiers de la marquise de Pompadour avoient réparé envers lui les effets d'une vengeance trop prolongée, et qui devint encore une atrocité par son peu de rapport avec le délit : ils lui avoient donné deux ou trois métairies qui le mettoient à même de vivre d'une manière honorable.

CHAPITRE XXX.

Détention de l'abbé de Montcrif, doyen de la cathédrale d'Autun; du Père Ferdinand de Villeneuve; de la demoiselle Gravelle; de la dame veuve Saint-Sauveur; de la demoiselle Huguenin; de Bartel; de Louis Maréchal; de Thorin, suisse de Fribourg; du baron de Winsfeld; de Vérit; de l'abbé Morellet; du marquis de Mirabeau; du comte de St.-Ange, prince de Justiniani, ou plutôt le nommé Douceur, du Gâtinois; de Camille Constant de Mercourt; et de Rapin, colonel suisse, au service de Prusse.

L'ABBÉ de Montcrif, doyen de la cathédrale d'Autun, incarcéré à la Bastille, fut transféré en 1752 au donjon de Vincennes. Il y reçut, en 1754, par le lieutenant-général de police, deux lettres d'Autun et quatorze cahiers tirés des chartes de cette église. Selon toute apparence, il fut privé de sa liberté pendant plusieurs années, puisqu'il lui fut permis, au mois de novembre 1757, de recevoir au donjon un procureur et un notaire, qui devoient lui dresser une procuration.

Le Père Ferdinand de Villeneuve, religieux, on ne sait dans quel ordre, détenu à Vincennes en 1752, tourmenté sans doute de violens maux de dents, eut la permission de recevoir les visites d'un dentiste, nommé Duchemin, pour qu'il lui apportât les secours de son art.

La demoiselle Gravelle écrivit ou fit composer des mémoires contre les sieur et dame de Montmartel, et contre le marquis de Béthune. Ces pamphlets lui attirèrent une détention à la Bastille en 1751 : au bout de treize mois elle fut transférée à Vincennes.

En 1754, une dame veuve de Saint-Sauveur étoit détenue à Vincennes, on ne sait pour quel motif. Il lui fallut obtenir une permission de M. Berrier, lieutenant-général de police, pour voir un certain curé de Rouchères, chargé d'arranger la succession de feu son mari.

A la même époque, une demoiselle Huguenin étoit détenue au donjon, et il fut permis au commandant de lui prêter des livres, pour faire diversion aux ennuis de sa longue détention.

Un sieur Bartel, qui étoit aussi détenu à Vincennes en 1754, fut mis au cachot par ordre du commandant : c'est tout ce que nous en savons.

Louis Marchal, compagnon chapelier, fut arrêté à Middelbourg et conduit à Vincennes en 1757, pour avoir écrit au comte d'Affry qu'il avoit entendu dire dans un cabaret, à un ivrogne, qu'il vouloit qu'un jour on parlât plus de lui que de Damien.

Thorin, Suisse du canton de Fribourg, dont l'esprit étoit sans doute aliéné, resta au donjon de Vincennes un grand nombre d'années, depuis 1757, pour avoir raconté, dans un accès de démence ou d'ivresse, qu'il avoit vu en songe madame de Foncemagne qu'il avoit servie autrefois, et qui lui dit ces terribles paroles : « Vous assassinerez le Roi ; je vous sauverai et vous resterez sourd et muet jusqu'à ce que tout soit accompli ». Nous avons déjà dit que le 27 septembre 1775, il fut transféré

féré à Charenton en même temps que La‑
tude.

Le baron de Winsfeld, arrêté en 1743 sans qu'on en sache la cause, étoit encore au donjon en l'année 1758. On apprend, par une lettre que le lieutenant-général de police écrivit à son sujet, qu'il n'étoit pas d'usage que le commissaire du Roi, pour la Bastille et Vincennes, répondît aux différentes lettres que les prisonniers lui écrivoient. Infortunés détenus! vous ne cessiez de solliciter par des lettres touchantes la bienfaisance, la justice de ce magistrat; mais vous attendiez vainement des réponses directes qui eussent adouci vos maux, et répandu dans votre ame les illusions salutaires de l'espérance.

On enferma à la Bastille, en 1751, un nommé Vérit, qui avoit osé faire des menaces au duc d'Orléans, dans une lettre qu'il lui écrivit. Il fut transféré au donjon de Vincennes après sept ans de séjour à la Bastille, et l'on ignore ce qu'il devint.

L'abbé Brochette de Flassigny, vers 1751, s'avisa de tenir des propos contre le gouvernement, au sujet des poursuites concernant les auteurs des *Nouvelles ecclésiastiques* (1), dont il épousoit vivement les intérêts ; et il brava, à ce sujet, les défenses qui lui furent faites : en conséquence, on donna l'ordre de l'enfermer à la Bastille, où il resta sept ans ; il fut aussi transféré à Vincennes.

L'abbé Morellet, membre de l'académie française, s'étant avisé de publier en 1760 une petite brochure intitulée la *Vision*, dirigée contre Palissot, auteur de la comédie des Philosophes, et dans laquelle il eut l'imprudence de compromettre une femme de la cour, madame la princesse de Robecq, fut enfermé à Vincennes, où il resta environ quinze jours.

Le marquis de Mirabeau, l'un des chefs de la secte des Économistes, auteur de l'*Ami des Hommes*, et de plusieurs autres ouvrages politico-économiques, fut renfermé au donjon de Vincennes en 1761, pour avoir com-

---

(1) On a su de nos jours que ces feuilles, tant recherchées par la police, s'imprimoient dans le clocher de la paroisse Saint-Jacques-de-la-Boucherie.

posé la *Théorie de l'Impôt*. Son épouse ne négligea aucunes démarches pour obtenir qu'il fût promptement mis en liberté. Elle eut bientôt le bonheur de réussir, à condition que le marquis iroit dans sa terre, près de Nemours. Un si heureux succès donna une telle activité au zèle de cette dame, qu'elle parvint à faire révoquer cet exil, et à obtenir au marquis de Mirabeau la permission de revenir à Paris. Comment reconnut-il ces preuves réitérées d'attachement conjugal ? Ce philosophe, ou plutôt ce prétendu sage, qui avoit sans cesse à la bouche les mots d'*honneur*, de *vertu* et d'*humanité*, rendit sa femme la plus malheureuse des épouses, et d'autant plus à plaindre, qu'elle ne cessa jamais d'être attachée à ses devoirs. Il lui présenta successivement trois objets scandaleux de ses débauches, la forçant de vivre avec eux, et finit par lui communiquer deux fois une maladie honteuse, fruit déplorable du libertinage. Non content de toutes ces horreurs, il l'obligea, pendant quatorze ans, de quitter sa maison, de mener une vie errante et fugitive : il la tint au fond du Limousin par lettre-de-cachet, éloignée de ses proches, de ses enfans, sans alimens, sans secours, tandis qu'il jouissoit paisiblement de cinquante mille livres de rentes qu'elle lui avoit apportées, dont il dissipa même une grande partie : enfin il la fit séquestrer dans un couvent, sur un ordre du Roi. Il tourmenta même sa belle-mère, la marquise de Vassan, qu'il eut l'indignité de faire interdire, quoique âgée et mourante.

Ce prétendu philosophe, ce coryphée des économistes, ne refusoit rien à ses passions, et ne sut pas même économiser sa fortune. Il aliéna plus de cinquante mille francs de son patrimoine, et contracta au moins six cent mille livres de dettes au préjudice de la substitution dont il étoit grevé. Il résulta d'une conduite aussi blamable, aussi extraordinaire dans un homme tel que lui, un procès, en 1775, qui l'eût déshonoré dans un siècle moins corrompu. Madame de Mirabeau fut contrainte de plaider en séparation de corps et de biens, et de divulguer toutes les infamies de son tyran, qui fut aussi mauvais père que mauvais époux; assertion que nous aurons lieu de prouver en parlant de la détention à Vincennes du comte de Mirabeau, son fils, détention qui fut son ouvrage.

En attendant, jetons les yeux sur d'autres prisonniers. Le comte Saint-Ange, ou Sant-Angelo, excitoit l'attention du gouvernement par une dévotion extraordinaire qui le portoit à communier chaque jour. Il se disoit gentilhomme romain, vivoit fort retiré avec sa femme, son fils, le comte d'Apremont de la Motte, et deux ecclésiastiques, dont l'un étoit précepteur de son fils, et l'autre frère de sa femme. Il disoit qu'il étoit à Paris pour de grands desseins, mais que son heure n'étoit pas encore venue ; qu'il vouloit avoir une attention particulière sur l'affaire des Jésuites, et qu'il comptoit retourner incessamment à Rome. Il ajoutoit qu'il avoit un tableau représentant la Vierge Marie qui faisoit des miracles et lui annonçoit les événemens désagréables.

Ces propos et sa conduite mystérieuse le rendirent suspect. Il fut arrêté, lui et le comte d'Apremont, et conduit à la Bastille le 8 janvier 1764. On écrivit à Rome pour avoir des renseignemens sur la famille, et l'ambassadeur français apprit que cet homme y étoit absolument inconnu.

Il fut transféré à Vincennes le 18 mars 1764, et exilé dans la ville d'Issoire le 17 juin suivant. Le 9 novembre 1765 il lui fut permis d'aller par-tout où il voudroit, excepté à Paris.

Il vint se loger à Saint-Cloud à la fin de 1769; il y vécut avec toute sa famille, dans la dévotion la plus grande, ou en en affectant du moins toutes les apparences. Il prit ensuite un domicile au Gros-Caillou en 1770, et enfin à Paris, toujours dans des quartiers retirés ; mais faisant néanmoins des dettes et des dupes.

Il prit tout-à-coup le nom de prince de Justiniani, parut à la cour, et y fut présenté, ainsi que son fils. Il obtint du service pour ce jeune homme, et eut l'effronterie de donner un mémoire à l'effet de faire insérer dans le brevet qui devoit lui être expédié le titre de cousin du Roi, dont les Justiniani, princes de Chio, ont toujours joui. Il remit en même temps au duc de la Vrillière une copie de sa généalogie; mais M. Chérin, généalogiste des ordres du Roi, déclara que les pièces produites étoient insuffisantes : en conséquence Louis XV fit défendre à ces aventuriers de paroître à la cour, et de porter dans son royaume aucune marque des ordres dont ils se décoroient. Ils quittèrent la France pour passer en Allemagne, où tous les princes, disoient-ils, leur offroient du service.

Ce prétendu comte Saint-Ange, se disant prince de Justiniani, étoit fils d'un nommé Douceur, né à Puisseau en Gâtinois, et marié à la nommée Juteau, fille de l'organiste du lieu. Il avoit été élevé par un parent de son père, prieur à Château-Thierry, qui n'épargna rien pour son éducation.

Le hasard fit tomber entre ses mains d'anciens titres de la famille des princes Justiniani de l'île de Chio, et dès-lors il osa s'enter sur cette branche, et fabriqua une généalogie qu'il fit imprimer. Il se logea à l'hôtel de Hollande, rue Saint-André, prit des domestiques et un équipage qu'il ne paya jamais. Etant devenu veuf, il passa à Rome, et revint à Paris, jouant l'excessive dévotion, afin de mieux faire des dupes. Il y épousa une Irlandaise dont le comte d'Apremont devint amoureux. Ce seigneur se détermina à fournir au ton d'opulence qu'avoit pris le prétendu prince Justiniani, ce qui, loin de l'empêcher d'escroquer tout ce monde, ne servit qu'à lui en faciliter les moyens.

On vit en 1766, au donjon de Vincennes, une personne fort extraordinaire, héros de diverses aventures, et qui avoit joué plusieurs rôles, comme un nouveau Michel Morin. Cet homme se nommoit Camille Constant de Mercour, étoit écuyer et natif de Besançon: mis à la Bastille le 21 mars 1765, il fut transféré, le 14 juillet 1766, à Vincennes.

Ce qu'il y a de fort singulier dans l'emprisonnement de Mercourt, c'est que lui-même dénonça son crime ou plutôt le crime qu'il avoit fortement dessein de commettre. Dans une lettre qu'il écrivit au cardinal de Gèvres, il avoua qu'il avoit formé dans son cœur l'exécrable projet d'assassiner le roi par fanatisme, et que, dans la crainte qu'il n'eût pas toujours la force de repousser cette odieuse idée, il desiroit une étroite prison qui ne lui laissât aucune facilité de se rendre le plus scélérat des hommes. Cette lettre fut remise à

M. de Sartine, et Mercourt ne tarda pas à être conduit à la Bastille. Dans cette prison, il traça avec candeur et envoya au lieutenant-général de police le récit fidèle des principaux événemens de sa vie. En voici les traits les plus remarquables.

Après avoir fait de bonnes études, il se destina à l'état monastique, et vint à Paris, où il entra au noviciat, chez les Petits-Pères de la place des Victoires; mais au bout de onze mois, ayant aperçu une jolie fille dans l'église, il demanda ses habits de séculier au maître des novices, et alla joindre la jeune personne, qui se trouva d'humeur peu sévère, et qui le congédia quelques jours après, parce qu'il n'avoit plus d'argent.

Il prit alors la résolution de s'en retourner chez son père. Mais avant de sortir de Paris, il vola cinquante-deux louis à son beau-frère, et partit ensuite pour se rendre à Besançon, où l'archevêque, qui étoit un Grammont, lui donna la tonsure et un bénéfice simple de 600 livres.

Il fit, dans cette ville la connoissance de la fille d'un apothicaire; il parvint à la séduire et la rendit enceinte. Cet événement, et la poursuite du vol de cinquante-deux louis, qui avoit indigné sa famille, le força d'abandonner sa maîtresse et même le bénéfice : il s'engagea dans le régiment de Limousin ; une suite d'aventures, comme duels, désertion, etc., le conduisit en Bourgogne dans une terre du marquis de Bissy, frère du cardinal de ce nom. Le marquis avoit pour lui beaucoup de bontés et l'admettoit à sa table. L'amour, qui se joue souvent des vertus et de la reconnoissance, ainsi que des titres et des grandeurs, fit qu'il obtint les dernières faveurs de la maîtresse du marquis de Bissy. Cette femme avoit aussi pour amant secret Volmérange, lieutenant de cavalerie, dans le régiment de Bretagne : quoique cet officier fût fils naturel de M. de Bissy, Volmérange, éclairé par la jalousie, chercha querelle à son rival ; ils se battirent à l'épée et au pistolet : Volmérange fut blessé dangereusement.

Quelque temps après, Mercourt étant revenu à Paris, perdit tout son argent à l'hôtel de Gêvres. Se trouvant sans ressource, il eut la bassesse de vendre pour dix-huit louis les couverts et l'argenterie qu'un traiteur avoit déposé chez lui pour un repas commandé ; ce traiteur le poursuivit au criminel ; la justice se saisit de sa personne, et il fut quatre années en prison pour ce délit. Au bout de ce temps il trouva moyen, lui et deux autres, de s'évader et de recouvrer sa liberté.

Il se réfugia alors chez la marquise de Beaufremont, où il resta caché un mois, et où il reçut de l'argent pour se rendre à Séez-sur-Saone, chez l'abbé de Beaufremont.

Dans cet asile, il fut résolu que Mercourt passeroit le Rhin, et iroit en Prusse. On lui donna une lettre de recommandation pour le général Valbourg, qui le fit d'abord soldat dans le régiment de Gromchaut ; quinze jours après, caporal ; dans les autres quinze jours, sergent ; et au bout de trois mois il fut fait lieutenant.

Comme il parloit fort mal la langue allemande, un officier s'avisa de se moquer de lui ; Mercourt alla le trouver et lui dit : « Je » parle très-mal l'allemand, mais je me bats » bien en français ». Ils se battirent, et Mercourt lui donna un coup d'épée qui le coucha sur le carreau.

L'envie de plaire au roi de Prusse, qui aimoit à avoir des hommes d'une haute taille dans son régiment des gardes, lui fit faire une action très-courageuse. A l'aide de quelques-uns de ses amis, qui l'accompagnèrent dans les états du roi de Pologne, il y enleva un homme de six pieds et demi, que le roi de Prusse avoit paru désirer, et il l'amena à Berlin.

Ce monarque, charmé d'une telle action, le fit conseiller de guerre. Mercourt eut ensuite l'adresse de gagner la confiance de la dame veuve Marchal, nièce du chancelier. Il porta bientôt la séduction dans un cœur trop tendre; la dame devint enceinte, et ils partirent en poste pour la France, dans l'espoir d'obtenir la permission de se marier. Mais pendant que Mercourt étoit allé dans un village pour chercher des chevaux et continuer son voyage rapide, la belle veuve, qu'il avoit laissée à l'auberge de la poste, fut enlevée par ceux qui la poursuivoient, et ramenée en Prusse.

Aussi étonné que désolé de cet enlèvement

imprévu, Mercourt prit le parti de se rendre à Avignon, sous la protection du vice-légat : il s'y trouva en effet parfaitement en sûreté.

Tranquille sur les poursuites qu'il avoit à craindre, et sentant enfin le bonheur qu'on éprouve à vivre en honnête homme, il se retira à Visan, chez le consul, et peu après il se maria à une demoiselle qui lui fit connoître le comte de la Tour-Gouvernet. La mort lui enleva son épouse au bout de quelques années. Pour le consoler de cette perte, il ne fallut rien moins que l'intérêt que prit à sa fortune le fameux Normant-d'Étiole, mari de la marquise de Pompadour, qui lui donna un emploi dans les fermes, du produit annuel de 8,000 livres. On ignore comment il perdit cet emploi si lucratif. Tout ce que nous pouvons assurer, c'est qu'il se jeta dans une extrême dévotion. Au milieu de ses transports fanatiques, il s'imagina que le ciel lui inspiroit l'idée atroce d'assassiner Louis XV ; heureusement qu'une lueur de raison le fit résister aux impressions de cette noire mélancolie, et que dans les accès de sa démence, il eut assez de sagesse pour se dénoncer lui-même.

Rapin, né dans le pays de Vaud en Suisse, colonel au service du roi de Prusse, fut mis à la Bastille le 15 novembre 1765, âgé d'environ cinquante ans. Deux ans après, le 13 novembre 1767, on le transféra au donjon de Vincennes : il y mourut le 8 janvier 1772.

Ce prisonnier avoit été, pendant la guerre de 1756, en correspondance suivie avec différens espions que nos ennemis entretenoient dans le pays de Liége. Sa conduite avoit tellement fixé l'attention du maréchal de Soubise, que le général offroit de grosses sommes pour avoir en sa possession cet homme dangereux. Rapin fut arrêté et conduit en prison à Wezel; mais il eut l'adresse de s'évader la veille qu'il devoit être jugé à mort. Depuis la paix, sa funeste activité établit sur nos frontières des émissaires, auxquels il donnoit commission de débaucher nos soldats et de les faire déserter.

Il étoit trop connu en France pour qu'il osât s'y montrer; et néanmoins ses manœuvres criminelles pouvoient être trop nuisibles pour qu'on ne tentât pas de s'emparer de sa personne. On lui tendit des piéges, afin de le faire sortir du territoire de Liége, qui lui servoit comme de forteresse et d'asile inviolable. On parvint à l'attirer jusqu'à Paris, sous prétexte de lui faire pénétrer des secrets d'État fort importans, et il fut arrêté au moment qu'il s'y attendoit le moins.

Une maladie incurable termina ses jours à Vincennes. Il fut enterré, le lendemain de sa mort, dans le jardin du donjon, sans aucune cérémonie, parce qu'il n'avoit point abjuré la religion protestante.

CHAPITRE XXXII.

Détention de Leprévôt-de-Beaumont, secrétaire du clergé de France; des marquis de Falaise et de Chabrillant; des sieurs de Boctey, Marnourt et Henri; de la dame Binet; de M. Induort de Roster, ambassadeur de Russie; de deux enfans naturels du duc de la Vrillière et d'un duc et pair.

LEPRÉVÔT-DE-BEAUMONT étoit secrétaire du clergé de France, lorsqu'au mois de juillet 1768, il découvrit par hasard le plan d'un monopole exercé par le gouvernement d'alors sur le commerce des bleds, que plusieurs agens faisoient accaparer et vendre à son profit; ce monopole occasionnoit l'énorme cherté dont le peuple ressentoit tout le poids. Le principal bureau de recette, appelé *Bureau général des Blés du Roi*, étoit à l'hôtel Dupleix, rue de la Jussienne: les chefs se nommoient Perruchot et Ray-de-Chaumon, et le caissier étoit M. Goujet. Ce fut M. Rainville, premier commis de M. Rousseau, receveur des domaines et bois de l'Orléanois, qui confia à M. Leprévôt cette pièce importante, et lui permit d'en tirer plusieurs copies. Indigné d'un monopole aussi désastreux, et vivement persuadé que le bonheur public consiste à tenir les blés au plus bas prix possible, d'où découle le bon marché de toutes les denrées, Leprévôt voulut dénoncer au parlement de Rouen, ville où il avoit reçu le jour, l'inique malversation qui tendoit à affamer la France pour enrichir quelques individus. Mais le paquet ayant été décacheté à la poste, une détention d'un grand nombre d'années fut la récompense du patriotisme de ce citoyen, patriotisme qu'il porta peut-être un peu trop loin.

Un inspecteur de police, nommé Marais, et un commissaire appelé Mutel, accompagnés de soldats du Guet, vinrent le prendre dans son lit, dans la nuit du 17 novembre 1768, et le conduisirent à la Bastille, en vertu d'une lettre-de-cachet.

Après onze mois de détention, une nouvelle lettre-de-cachet, du 14 octobre 1769, le fit transférer au donjon de Vincennes : il y resta pendant quinze années, et il y éprouva une suite continuelle de persécutions. Pendant dix-huit mois, il fut couché nu sur un grabat de bois large de vingt-quatre pouces, couvert d'un peu de paille pourrie, et ayant des chaînes aux pieds; il ne recevoit que deux onces de pain par jour et un verre d'eau pour tout aliment, qu'on lui passoit par un trou. Enfin il étoit prêt à expirer, lorsqu'on le transporta dans une chambre n°. 3, où le chirurgien le fit baigner dans l'eau chaude, lui fit donner des bouillons restaurans, du vin vieux, et prescrivit de le promener en le tenant sous les bras : ce régime le rétablit au bout de quinze jours.

Quand il fut placé dans la chambre n°. 3, le chevalier de Rougemont, commandant au donjon, fit mettre à la fenêtre de ce prisonnier, en dedans de la chambre, une grille de fer incrustée dans des pierres de taille. Leprévôt la fit sauter dans une nuit, au moyen d'un secret qu'il possédoit. (1) Il prétend encore, dans

---

(1) *Voyez* son ouvrage intitulé *le Prisonnier d'État*, vol. *in-8°*. de 184 pages.

ses mémoires, qu'il faisoit tomber à volonté les fers et les chaînes dont il étoit chargé.

Quoi qu'il en soit, il assure qu'en 1772, il avoit pour compagnons le comte de Mirabeau (1), Masers de Latude, le baron de Venac, les marquis de Falaise et de Chabrillant, une dame Binet, un curé, les sieurs Boctez, Marnourt et Henri, un principal commis de Versailles, les deux fils bâtards de Phelippeaux-Saint-Florentin de la Vrillière, un duc qui passoit aux grands remèdes, en vertu d'un ordre obtenu par ses parens, attendu qu'il avoit donné la maladie vénérienne à sa femme, qui étoit d'une famille aussi illustre que la sienne; enfin M. Induort-Roster, *ambassadeur de Russie*, qui, selon Leprévôt, en sortant de Vincennes, *retourna à son ambassade en Chine*.

Leprévôt affirme encore qu'on ne lui donnoit point de chandelle, et qu'il lui falloit même se passer de bois pendant l'hiver, ce qui ne

---

(1) Leprevôt-de-Beaumont se trompe; le comte de Mirabeau ne fut renfermé à Vincennes qu'en 1777; ce n'est donc qu'à cette époque qu'il a pu savoir la détention du comte.

l'empêcha pas pourtant, une nuit que le vent du nord souffloit, de brûler sans bruit sa porte doublée de fer jusqu'au second verrou, en allumant contre cette porte tout ce qu'il avoit amassé de matières combustibles; mais il a oublié de nous apprendre comment il s'étoit procuré du feu pour cette opération.

Le célèbre et respectable Malesherbes, nommé ministre d'État, vint visiter le donjon de Vincennes, le 22 juillet 1775, accompagné de M. d'Albert, lieutenant-général de police, et de quatre principaux commis. Ce ministre entra dans la chambre de Leprévôt, l'interrogea avec bonté sur les causes de sa détention, et lui promit de s'occuper des moyens de briser bientôt ses fers. Mais la multiplicité des occupations de M. de Malesherbes lui fit sans doute perdre de vue ce prisonnier, ou plutôt il lui parut dangereux de mettre en liberté un homme qui ne cessoit de crier et d'écrire que le gouvernement et les cours souveraines de justice se proposoient, pour un vil intérêt, d'affamer toute la France.

Au bout de douze mois, c'est-à-dire le 24 juin 1776, parurent dans la chambre de Leprévôt de-Beaumont un nouveau ministre et un nouveau lieutenant-général de police : c'étoient M. Amelot et M. Lenoir. Il fut encore interrogé avec intérêt, et il continua, par ses réponses, d'avoir l'imprudence de ne point ménager les personnes de qui dépendoit sa liberté: aussi sa détention dura encore plusieurs années.

Le ministre résolut de le changer de prison, vu que le donjon de Vincennes ne devoit plus servir de prison d'Etat. Mais il n'étoit pas facile de conduire Leprévôt dans une nouvelle demeure; il avoit hautement déclaré qu'il périroit plutôt que de souffrir qu'on le transférât dans un lieu où il pût être plus malheureux. Vers la fin de février 1784, le baron de Breteuil, successeur de M. Amelot, chargea un inspecteur de police, nommé Royer-de-Surbois, de faire en sorte de surprendre ce détenu opiniâtre, ou de l'enlever de vive force. L'inspecteur jugea à propos de se faire précéder par Village, capitaine de la compagnie des invalides, préposé à la garde du donjon. L'officier de vétérans se rendit à la chambre de Leprévôt, et lui parla en ces termes avec tout le ménagement possible : « Je viens, Mon-

» sieur, pour vous dire que M. Amelot n'est
» plus au ministère, et que c'est le baron de
» Breteuil qui le remplace. — Quel est ce
» baron, demanda le prisonnier, et pourquoi
» ne vient-il pas lui-même me visiter, à
» l'exemple de ses prédécesseurs ? — M. le
» baron, répondit Village, habile négocia-
» teur, décoré de l'ordre du Saint-Esprit, a
» été ambassadeur durant trente ans pour
» Louis XV, dans différentes cours étran-
» gères; il veut savoir de vous-même les cir-
» constances de votre affaire, afin de con-
» cilier les rapports qu'il en a reçus; et ne
» pouvant se rendre auprès de vous, il vous
» envoie un de ses officiers pour vous con-
» duire chez lui, à Versailles, dans une bonne
» chaise de poste : ceci servira sûrement à
» amener votre liberté. Cachetez vos papiers,
» on n'y touchera pas, et vous les retrouverez
» à votre retour ». Leprévôt, très-défiant de
son naturel, et d'une humeur fort irascible,
déclara que tout ce qu'on lui disoit lui paroissoit suspect, et que ses papiers ne sortiroient
qu'avec lui. « Mais, ajouta-t-il comme par
» réflexion, quand l'envoyé du baron est-il ar-

» rivé à Vincennes? — A quatre heures de
» l'après-midi. — Que fait il à présent? — Il
» se chauffe, et se propose de venir vous voir
» quand il aura soupé. — Eh bien, dites-lui
» que je l'entendrai sur sa mission par mon
» guichet, et que je sens qu'il faut m'armer
» d'une juste défiance, moi que l'on a trompé
» si souvent. » Village se retire, et voit bien
que l'inspecteur de police aura de grandes
difficultés à vaincre, d'autant plus que l'imagination du prisonnier étoit vivement affectée.

Cependant Leprévôt fit avec soin un paquet de tous ses papiers; et, réfléchissant que le baron de Breteuil ne l'enverroit pas chercher de nuit s'il n'avoit dessein d'aggraver encore sa douloureuse situation, il se hâte de barricader sa porte en dedans, afin d'opposer toute la résistance dont il sera capable. A onze heures et demie arrive le prétendu officier du baron de Breteuil avec deux prétendus domestiques qui étoient habillés en petite uniforme de marine; l'officier étoit vêtu d'un habit bleu de roi, boutons d'argent aux armes de France. On l'annonce au détenu à travers les portes: « Ouvrez le guichet seulement, afin que je le

» voie et que je lui parle. » On satisfait à sa demande. « Vous êtes, Monsieur, lui dit-il,
» à ce qu'on m'a assuré, envoyé comme offi-
» cier du baron de Breteuil, pour m'emme-
» ner à Versailles. Cela est-il vrai, et dois-je
» m'en flatter? — Oui, Monsieur, répond
» l'exempt, je suis l'envoyé de M. le baron
» de Breteuil, ministre de Paris, qui, chargé
» d'affaires en ce moment, vous fait proposer
» de vous rendre chez lui à Versailles, dans
» une chaise de poste. Il ne m'a pas fallu plus
» de deux heures pour me rendre ici, et il ne
» me faudra pas plus de temps pour retourner
» à la cour avec vous. — Je ne puis profiter
» de l'invitation de M. le baron, reprend le
» prisonnier; mon geolier me laisse, dans le
» plus rude hiver, manquer de vêtemens, de
» bois et de chandelle, pendant qu'il reçoit du
» Roi, pour chaque détenu, trois mille six cents
» livres par an. Dites à M. le baron que je suis
» nu, exténué par des souffrances continuelles,
» souvent privé de nourriture, abandonné de
» tout le monde, ne prenant presque jamais
» l'air, ma santé est entièrement détruite.
» Dites tout cela au ministre de ma part,

» en lui observant que j'ai des ouvrages ma-
» nuscrits que je ne puis abandonner; et afin
» que votre voyage ne soit pas inutile ni in-
» fructueux, voici un paquet que j'ai écrit à
» la hâte pour le ministre. » L'inspecteur de police lit la suscription du paquet, et dit qu'il faut le cacheter. « Je n'ai ni feu, ni cire, ni
» cachet, répond Leprévôt, et il m'a fallu le
» fermer avec une sorte de colle. — Eh bien,
» réplique l'exempt, je vais brûler de la cire;
» voici le cachet du ministre, apposez-le vous-
» même à l'ouverture du guichet. » Les soupçons de Leprévôt redoublent; il voit qu'on a dessein de lui saisir le poignet pendant qu'il cachètera sa lettre. Il prend donc garde au mouvement des gens qu'il a devant lui, dont un manque son coup. Beaumont jette promptement le cachet d'argent à l'officier, en lui reprochant de vouloir l'enlever de force et de nuit. Se voyant découvert, l'exempt s'écrie alors : « Ouvrons la porte, exécutons nos
» ordres. — Prenez garde à ce que vous allez
» faire, dit le prisonnier; j'ai pris des mesures
» pour vous recevoir qui vous donneront lieu
» de vous repentir d'user de violence. » Sans

faire attention à cet avertissement, la porte est ouverte; Bertrand, le porte-clefs, se tient derrière, et les assaillans se cachent dans la vaste salle antique et sans meubles qui sert de sombre et triste antichambre aux cachots de cet étage; Leprévôt est armé de briques qu'il avoit arrachées de son plancher; leurs flambeaux l'éclairent; personne ne peut s'avancer sans courir risque d'être frappé. On garde un profond silence, on examine le local.

Pour entrer chez Leprévôt il falloit descendre entre deux portes un degré, ensuite franchir un lit de quatre pieds de hauteur qui fermoit l'ouverture par le dossier dans toute la largeur de la porte, outre que deux chaises couvertes de carreaux de briques défendoient encore l'entrée de l'asile du détenu à droite et à gauche. L'un d'eux, qui avoit voulu saisir le poignet du prisonnier, s'avance jusqu'à la seconde porte; il reçoit aussitôt une large brique sur l'estomac, et n'attend pas la seconde pour se retirer. L'exempt ordonne qu'on ferme la porte pour consulter, et prendre d'autres mesures avec les porte-clefs et les soldats.

On délibère, on se décide à une double attaque par la fenêtre et par la porte ; mais l'inspecteur de police n'osant se montrer le premier, les soldats refusent de s'exposer et de se faire blesser inutilement ; ils ne se chargent que de faire beaucoup de bruit autour de la place assiégée, dans l'espoir d'étourdir et d'effrayer le détenu. A leur défaut, les valets du donjon s'offrent de prêter main-forte, et se flattent d'avoir une récompense.

La porte s'ouvre encore à la voix de l'exempt; quatre hommes s'avancent de front; les terribles briques les frappent comme la foudre; deux assaillans se retirent avec précipitation, grièvement blessés, et les autres mis en désordre suivent cet exemple. L'inspecteur de police fait refermer la porte à demi, et demande le fusil du capitaine Village, qui s'empresse de le lui mettre en main, croyant faire peur à Leprévôt ; mais celui-ci, poussé au désespoir, saisit le bout du canon pour l'arracher à son ennemi ; il est forcé de lâcher prise ; la porte de nouveau se referme ; et l'exempt va consulter une seconde fois sa troupe épouvantée : il s'agit de livrer, avec quelque certitude du succès, un troisième et dernier assaut.

A la fin de ce conseil tumultueux, trois hommes s'approchent fièrement à couvert d'une paillasse qu'ils présentent, agenouillés derrière, aux coups de l'assiégé; mais cet étrange bouclier, ou plutôt ce rempart d'un nouveau genre, n'atteignoit pas le haut de la porte ; le brave et furieux Leprévôt leur lance d'abord ses deux cruches pleines d'eau, lesquelles, tombant d'à-plomb sur leurs jambes, les blessent en les inondant, et les redoutables champions s'enfuient par prudence. Le chef de la troupe, auquel sur-tout il desiroit de faire sentir la pesanteur de ses coups, s'avise d'éprouver les élans d'un courage tardif, persuadé sans doute qu'il n'a plus à craindre d'armes offensives ; il se montre sur la brèche l'épée à la main, se sent soudain frappé d'un certain vase dont le contenu gâte et infecte son bel habit bleu. Ne pouvant tenir à une pareille défense, il se hâte d'abandonner le champ de bataille, et ordonne de refermer la porte. Avant qu'on ait eu le temps de lui obéir, un des siens reçoit au front un éclat de brique qui le renverse au milieu des débris. La troupe défiloit dans le plus grand désordre, quand Bertrand, le porte-clefs, qui se tenoit derrière la porte, demande la permission de débarrasser la brèche des briques et des tassaux dont elle est obstruée. La trêve est accordée de part et d'autre. Bertrand se hâte de nettoyer le champ de bataille, et dit à l'assiégé que tous les combattans ont pris la fuite, que l'officier va se rendre à Versailles faire l'aveu de sa défaite, et que les blessés vont se faire panser chez le chirurgien.

Loin de s'enorgueillir de sa victoire, Leprévôt ne se tint pas moins sur ses gardes le reste de la nuit, dans la crainte de se laisser surprendre au milieu de son triomphe, et qu'une attaque imprévue ne vînt lui arracher ses lauriers.

Le lendemain, il s'aperçut, avec une extrême douleur, qu'il étoit sans vivres, et qu'il ne lui restoit pas une seule goutte d'eau. Cette disette affreuse dura trois jours et trois nuits, et les assiégeans avoient raison de se flatter de prendre la place par famine. Le chevalier de Rougemont envoyoit tous les jours des couriers à Versailles, chargés d'informer le ministre du manque de provisions qu'éprouvoit le détenu, et de l'espoir que l'on avoit de le forcer bientôt à capituler. Mais Leprévôt-de-Beaumont avoit juré de se laisser mourir de faim et de soif plutôt que de se rendre. On craignit qu'il n'eût l'opiniâtreté de tenir parole; on se résolut à ne lui plus refuser l'usage des alimens et à changer le siége en une espèce de blocus. Le prisonnier persista à ne point laisser libre l'entrée de sa chambre, et à se tenir continuellement sur le qui vive.

Quinze jours s'étant écoulés dans cet état de trève et de guerre, l'inspecteur de police vint tout-à-coup, à dix heures du matin, le 15 mars, livrer un nouvel assaut à la place qui lui avoit opposé une si vigoureuse résistance. Mais il n'étoit plus déguisé en officier de marine, il étoit simplement vêtu d'un habit gris; il marchoit à la tête d'une troupe d'agens de police jouant leur rôle ordinaire; les uns et les autres étoient précédés d'un dogue de la plus grosse taille. Fidèles à leur ancienne tactique, ils accourent en faisant un bruit affreux, afin de glacer d'épouvante celui dont ils veulent se saisir. Ils ouvrent les

portes avec fracas, et gardent ensuite un profond silence pour observer les nouveaux moyens de défense qu'on va leur opposer. Ils voient avec terreur un mur sec, bâti des débris d'un poële; un amas de briques ou de carreaux sur le dernier degré de la chambre qu'il faut franchir; par-dessus tout cela le dossier du lit, qui ressemble à une forte barrière; ajoutez encore qu'aucun des assaillans ne peut découvrir l'intrépide assiégé, caché au coin de l'ouverture de la porte, et à couvert par la muraille de la chambre, qui est octogone. « Com-
» ment attaquer cet homme déterminé, se
» disent-ils entre eux? Voilà des pierres prê-
» tes à être lancées sur nous. La fenêtre est
» fermée dehors et dedans de deux énormes
» grilles, avec un fort abat-jour : l'irruption
» n'offre quelque facilité que par la porte;
» mais les premiers qui se présenteront cou-
» rent risque d'être assommés. » Ils se décident à faire avancer un gros chien, et à l'exciter à franchir tous les obstacles; mais l'animal s'épouvante de la grêle de pierres qu'il voit voler de tous côtés; et ayant reçu un coup vigoureux sur le museau, il se rebute, se retire à

l'écart, et refuse d'obéir à la voix de son maître. Alors les assaillans délibèrent d'abattre le mur factice, et d'attirer à eux le redoutable prisonnier avec un crochet mis au bout d'une longue perche. Avant de recourir à cet expédient, l'inspecteur de police, prenant un ton qu'il tâche de rendre ferme, adresse ces paroles au détenu : « Je suis chargé, Monsieur,
» de vous arrêter et de vous transférer ailleurs;
» rendez-vous de bonne grâce, et il ne vous
» arrivera aucun mal. — Eh quoi ! répond
» Leprévôt, ne suis-je pas arrêté ici depuis
» quinze années, après avoir été renfermé un
» an à la Bastille ? Pourquoi parler encore de
» translation nouvelle, au lieu de me mettre
» en liberté ? Quels sont mes crimes ? — Je
» l'ignore, dit l'envoyé du ministre, je ne
» suis qu'exécuteur d'ordres. — Vous n'en
» avez point, réplique le détenu. — Vous
» vous trompez, insiste l'exempt, je puis
» vous en montrer un, signé du baron de
» Breteuil, pour vous mener à Charenton. —
» Que ne disiez-vous cela plutôt, reprit le
» détenu ; je croyois qu'il s'agissoit de me
» conduire au Mont-Saint-Michel. Me promet-

» tez-vous de me faire lire votre ordre ? » Sur la parole d'honneur qu'il reçut, dont il crut devoir se contenter, il déposa ses armes et permit qu'on parvînt jusqu'à lui sans aucun obstacle. Quand ils furent tous entrés, l'exempt lui donna à lire l'ordre dont il étoit porteur, conçu en ces termes : « Il est ordonné » au sieur Royer de Surbois, de transférer le » sieur Leprévôt en la maison de Charité de » Charenton, jusqu'à nouvel ordre. A Ver- » sailles, ce 10 mars 1784. *Signé*, LOUIS ; *et » plus bas*, LE BARON DE BRETEUIL. »

Tous les partis étant d'accord, de Beaumont se remit entre les mains de l'inspecteur de police. Arrivés à Charenton, les religieux commencèrent par le fouiller, selon l'usage. Cette opération achevée, le sous-directeur, nommé frère Mathurin, en l'absence du directeur, nommé Prudence, ordonna au porte-clefs de ne point souffrir que le prisonnier n°. 10 eût de la chandelle, de l'encre, des plumes, du papier, un couteau et des livres. Il déclara ensuite à Leprévôt qu'il ne doit lui laisser voir personne, ni se promener dans les cours avec les autres prisonniers.

Quatre mois s'écoulèrent dans cette situation, avant qu'on lui renvoyât sa malle, retenue pendant ce temps-là à Vincennes ou dans les bureaux de la police.

Le 29 de juin, même année 1784, le baron de Breteuil et M. Lenoir vinrent à Charenton pour en visiter le local et les détenus; ils étoient résolus à faire renfermer Leprévôt parmi les foux s'il avoit l'imprudence de leur parler avec trop de hardiesse, ainsi qu'il avoit coutume. Mais cette fois-ci il trompa leur espérance en ne leur tenant que des propos mesurés.

Après que cette visite eut été terminée, les compagnons d'infortune de Leprévôt lui apprirent, au travers de sa porte et par leurs fenêtres, qu'ils recevroient, avant trois mois, une visite solemnelle de la Chambre des vacations du Parlement de Paris, qui n'étoit qu'une simple formalité, puisqu'il n'en résultoit ordinairement rien d'avantageux pour les détenus, et que les moines étoient dans l'usage de présenter à ces magistrats une superbe collation.

En effet, dès le 22 septembre, la Chambre

des vacations envoya des commissaires pris dans son sein pour lui faire un rapport sur l'hospice-prison de Charenton. Ils se transportèrent dans la retraite de Leprévôt, après que les geoliers les eurent prévenus qu'ils n'avoient point à se plaindre de sa conduite, et que des ordres précis de la police leur défendoient de le laisser sortir dans l'intérieur, et de lui procurer les moyens d'écrire. Il vit paroître au milieu de son cachot un président et deux conseillers en robe et en rabat, suivis d'un greffier en habit noir. Cette entrevue se passa en différentes questions; et le président Omer de Fleury, frère de l'avocat général, finit par demander au détenu, suivant l'usage, s'il étoit bien nourri : « Assez mal, Monsieur,
» répondit Leprévôt; mais mon affaire m'in-
» téresse davantage, et je ne m'occupe que du
» plus nécessaire. Permettez-moi cependant
» de vous supplier de visiter deux de mes
» compagnons qui, sans protecteurs, sont
» abandonnés et infirmes : l'un est le fils du
» comte de Marcel de Ravenne, ancien mili-
» taire, demeurant à Paris, rue de Condé,
» faubourg Saint-Germain, pour lequel on

» paye cent louis de pension ; l'autre, celui
» d'un riche négociant de Strasbourg, à la
» pension de quinze cents livres ; tous deux
» infirmes, âgés de trente ans ; ils ont besoin
» d'une prompte assistance. — On ne peut
» que vous louer, Monsieur, de vous intéres-
» ser à vos confrères, lui répliqua le prési-
» dent ; mais je les ai déjà vus, et il ne me
» reste plus que quelques détenus à visiter. »

La Chambre des vacations ne changea rien au sort de Leprévôt.

Le 19 octobre 1784, entre midi et une heure, le directeur perpétuel de la maison de force et des foux de Charenton, le fier Prudence, accompagné des geoliers, ouvre la porte du cachot de Leprévôt, et ordonne de le fouiller pour voir s'il a des papiers. Ce religieux le fait conduire ensuite par deux valets dans la cour, où Surbois, qui l'attendoit avec son commis, l'engage à monter avec eux dans une voiture, qu'il fait passer la rivière dans un bac.

L'inspecteur de police lui apprend en route que c'est à Bicêtre qu'il va le mener. Il ne tarde pas d'arriver dans cette maison, destinée à renfermer tout ce que Paris a d'impur. Surbois livra d'abord Leprévôt entre les mains de Tristan, économe, chef et directeur, qui le logea dans une galerie des *Cabanons,* où il fut traité avec assez de douceur.

Au mois de juin 1786, une dame de province que Leprévôt avoit connue demoiselle dans sa jeunesse, domiciliée depuis à Paris, et chargée par ses parens de découvrir sa prison, à quelque prix que ce fût, avoit demandé à la police la permission de le voir pour apprendre de sa bouche quel délit il avoit commis, et s'il étoit réellement devenu fou. Elle obtint cette permission, pourvu qu'elle se fît accompagner du vicaire de Bicêtre. En faisant appeler Leprévôt au bureau de l'économe, elle commença par lui apprendre la mort de sa mère, décédée depuis quelques années du chagrin de le savoir dans une prison d'État. Elle lui annonça ensuite qu'elle étoit chargée par sa famille, depuis dix ans, de le chercher, et que ses parens n'avoient pas cessé de présenter des mémoires pour obtenir sa délivrance, tant au ministre qu'à la police; mais qu'on les laissoit toujours en doute sur son existence, sa situation et les motifs de sa captivité. Elle finit par lui dire que l'emploi qu'exerçoit l'homme qu'elle avoit épousé venoit de la mettre à portée de le découvrir, et lui donnoit l'espoir d'obtenir sa liberté.

Dès que cette dame eut informé la famille de Leprévôt de la prison où elle l'avoit découvert, et de l'entretien qu'elle avoit eu avec lui, elle reçut de l'argent pour fournir à l'entretien du prisonnier, auquel ils promirent généreusement de faire passer tout l'argent dont il auroit besoin, sur la seule inspection des mandats qui seroient de son écriture.

M. de Crosne, nouveau lieutenant de police, adoucit le sort de Leprévôt, en le faisant sortir du château de Bicêtre, et transférer, le 19 septembre 1787, dans la maison de force du sieur Puquenot, rue de Berci, au-delà de la barrière, n°. 13. Ce maître de pension et d'une maison de force, jadis élève en chirurgie, tenoit sous sa garde, à l'exemple de ses nombreux confrères, 1°. des pensionnaires de tout âge, au prix au moins de 600 livres; 2°. des foux des deux sexes ou personnes infirmes; 3°. enfin, des prisonniers, détenus par les ordres secrets de la police. M. de Crosne vint faire une visite dans celle de Puquenot, le 9 juillet 1788, et donna parole à Leprévôt de le mettre incessamment en liberté.

La révolution de 1789 devoit terminer la longue détention de Leprévôt. Quel plaisir ne devoit-il pas éprouver en voyant de sa fenêtre, à l'aide d'une lunette d'approche, froudoyer la Bastille le 14 juillet! Il seroit difficile d'exprimer les transports de sa joie lorsqu'il entendit, le soir de ce même jour, annoncer la prise de cette forteresse. Ils redoublèrent, quand il apprit, les jours suivans, qu'elle alloit être démolie, et quand il lui fut possible d'être témoin de la célérité avec laquelle une foule immense s'empressoit à en abattre les tours antiques et colossales. Il lui restoit à désirer la même démolition du donjon de Vincennes, où il avoit été renfermé durant quinze années.

Il étoit naturel qu'il fît aussi des vœux pour sa prompte délivrance, et qu'il profitât du changement incroyable qui venoit de s'opérer pour se faire mettre en liberté. M. de Crosne avoit pris la fuite; il ne lui restoit d'autre ressource que d'écrire au comte de Saint-Priest, alors ministre; mais Leprévôt éprouvoit de grandes difficultés pour faire sortir sa lettre de la maison où il se trouvoit détenu. Il cassa un carreau d'une fenêtre qui donnoit sur la rue de Berci, et confia son importante missive à la première personne qui vint à passer, en la priant de la jeter dans une des boîtes de la poste qu'elle trouveroit sur son chemin. Cet inconnu fut fidèle à la mission bienfaisante dont il s'étoit chargé. Trois jours après, le 15 septembre, on annonça à Leprévôt qu'il étoit enfin libre, et il se hâta de se retirer au village de Saint-Mandé, près le bois de Vincennes, où il eût coulé des jours tranquilles, s'il n'eût été témoin des troubles les plus violens. M. de Saint-Priest, avant de quitter le ministère, fit un acte de justice et d'humanité, en terminant une captivité qui avoit duré vingt-deux ans et deux mois, dans cinq prisons différentes.

CHAPITRE XXXII.

Détention du chevalier de la Porquerie, mousquetaire; et du comte de Mirabeau.

UNE aventure galante fit renfermer, pour quelques mois, au donjon de Vincennes, en 1771, un mousquetaire âgé de vingt-trois ans, nommé le chevalier de la Porquerie. C'étoit un des plus beaux hommes qu'il fût possible de voir, haut de six pieds, et semblable à Hercule et à Adonis. Il alloit souvent au monastère de Bon-Secours, à Paris, pour y voir deux de ses parentes avec un de ses amis qui avoit pris du goût pour une des jeunes personnes. Ce couvent étoit l'asile de quantité de jolies femmes séparées de leurs maris; ce qui rendoit cette sainte maison le centre de la galanterie; et elle contenoit en outre des demoiselles pensionnaires, dont les mœurs ne pouvoient que se ressentir d'une telle contagion. Le chevalier eut occasion d'y connoître une femme qu'on appeloit madame Mimi, et il en devint éperduement amoureux. Elle répondit à sa passion; et l'ami du mousquetaire n'étant pas plus maltraité de sa belle, les quatre amans se procurèrent bientôt la facilité de se voir en toute liberté, au moyen d'une petite maison louée dans le voisinage. La plus grande des deux pensionnaires et madame Mimi escaladoient le soir les murs du jardin, et se rendoient au lieu convenu. Ce bonheur fut troublé par la jalousie de l'abbesse, madame Dusaillant, qui aimoit aussi le beau mousquetaire. Etant venue de nuit visiter la chambre de sa rivale, elle ne la trouva point, et se rendit aussitôt dans celle des deux cousines : n'y voyant que la plus jeune, elle l'interrogea et découvrit toute l'intrigue. Furieuse et transportée de jalousie, elle fit sur-le-champ assembler toute la communauté, et courut dans le jardin au pied de l'échelle avec ses religieuses, pour y recevoir et couvrir de honte les deux galantes transfuges. Qu'on se représente la surprise et la confusion de ces deux femmes, en se voyant tout-à-coup au milieu de leurs surveillantes rigides et courroucées. La jalouse abbesse écrivit cette aventure au

Roi : le monarque la trouva très-plaisante ; mais, pour venger les mœurs, il ordonna que le mousquetaire feroit une retraite au donjon de Vincennes.

L'amour, ou plutôt une passion brûlante qu'irritoient tous les obstacles, y conduisit aussi un homme qui étoit destiné à jouer un grand rôle dans la révolution de 1789 : nous voulons parler de Gabriel-Honoré Riquetti, comte de Mirabeau : il fut renfermé, en 1777, au château de Vincennes, où il resta jusqu'au mois de décembre 1780. Il avoit déjà été renfermé successivement dans plusieurs prisons d'État, les commencemens de sa vie ayant été semés de désordres et de malheurs occasionnés par une jeunesse impétueuse et des passions ardentes.

Le comte de Mirabeau naquit en Provence, en 1749, de Victor Riquetti, marquis de Mirabeau, si connu par des ouvrages d'économie politique, d'agriculture et de finance; et de Marie-Geneviève de Vassan, veuve du marquis de Sauvebœuf. Ses premières années furent confiées à un instituteur habile qui se nommoit Poisson, et dont le fils, qui a pris depuis le nom de la Chabaussière, est connu par des pièces de théâtre et par quelques productions en vers : il partagea les leçons données au jeune Mirabeau, dont les progrès furent rapides.

A quatorze ans, Mirabeau sortit des mains de son précepteur pour être placé dans une pension célèbre où il étudia les mathématiques pendant deux ans ; il cultiva aussi avec succès deux arts agréables, le dessin et la musique, et se livra même à son goût prématuré pour la poésie.

La fougueuse adolescence de Mirabeau égara ses passions et le jeta dans le désordre et le libertinage; son père s'en allarma, et, au lieu de chercher à le ramener à une conduite plus régulière par les voies de la douceur et de la persuasion, il se montra sévère et inflexible : il le fit enfermer au fort de l'île de Rhé, et il fut même sur le point de le contraindre à s'embarquer pour les colonies hollandaises, où il étoit alors d'usage d'envoyer des vagabons et des mauvais sujets. Quelques amis du marquis de Mirabeau l'empêchèrent d'exécuter ce projet, qui auroit révolté l'ame d'un père sensible. Sorti de l'île de Rhé, le jeune Mirabeau obtint de passer en Corse en qualité de volontaire à la suite d'un régiment de cavalerie ; il fit la guerre, se distingua, mérita l'estime des officiers supérieurs, et fut nommé capitaine de cavalerie à la fin de la campagne. Son père lui ayant proposé de faire un cours d'agriculture dans ses terres, il déposa l'épée pour la charrue, et se livra, par complaisance, à des expériences économiques ; mais il se dégoûta bientôt de ce nouveau genre d'étude, et il quitta le Limousin pour se rendre en Provence.

Mademoiselle de Marignanne, jeune, aimable, et riche héritière de la ville d'Aix, étoit recherchée par plusieurs partis ; Mirabeau écarta cinq rivaux, et l'épousa après sept mois d'hommages assidus. Six mille livres de rente grevées d'une pension à sa belle-mère, des substitutions, la perspective de successions considérables, et cent soixante mille livres de dettes, tel étoit alors l'état de la fortune de Mirabeau.

Son père, qui étoit un homme d'esprit, mais dur, tracassier, violent, fit prononcer contre lui une interdiction au Châtelet de Paris, et sollicita des ordres pour fixer son séjour au château de Mirabeau, et ensuite dans la ville de Manosque en Provence. Mirabeau s'y rendit avec sa jeune épouse; ils y vécurent dans la plus grande intimité jusqu'au mois de mai 1774. A cette époque, Mirabeau découvre que sa femme lui est infidèle ; il surprend une correspondance qui ne lui laissoit plus aucun doute à cet égard; mais il fait violence à son caractère impétueux, ramène son épouse au devoir, et lui pardonne.

Las de son exil à Manosque, il fit un voyage à Grasse. Une rixe imprévue divulgua son séjour dans cette dernière ville : un certain baron de Villeneuve de Mohans ayant insulté madame de Cabris, sœur de Mirabeau, ce dernier l'appelle en duel; le baron refuse de se battre; Mirabeau le punit de sa lâcheté par des coups de canne ; alors, pour se venger, son adversaire porte plainte, et obtient d'un tribunal subalterne et d'un juge subrogé, un décret de prise de corps contre Mirabeau.

L'éclat de cette procédure constatoit qu'il avoit rompu son exil : une nouvelle lettre-de-cachet est invoquée. Mirabeau est renfermé au château d'If, près Marseille, le 23 septembre 1774. Le commandant de ce château, M. d'Allègre, se loua bientôt de sa conduite et demanda lui-même la liberté du détenu, qui charmoit ses ennuis auprès d'une jeune et jolie cantinière qu'il sut rendre sensible, et qu'il dédommageoit des mauvais traitemens que lui faisoit éprouver un mari brutal et jaloux.

Cédant enfin à des sollicitations puissantes, le marquis de Mirabeau consentit, en 1775, à la translation de son fils au château de Joux, près Pontarlier en Franche-Comté. Le jeune comte obtint de n'avoir que les arrêts dans cette dernière ville, où il connut Sophie de Ruffei, marquise de Lemonnier, femme d'un président à la chambre des comptes de Dôle. Belle, spirituelle, Mirabeau ne la vit pas sans ressentir l'amour le plus vif et sans le faire partager. Le marquis de Lemonnier s'étoit retiré à Pontarlier avec sa jeune épouse. Ce magistrat, âgé de soixante-dix ans, étoit d'autant plus jaloux et incommode, qu'il avoit eu à se plaindre des infidélités de sa première femme. La passion de Mirabeau éprouvoit encore un autre obstacle : Saint-Maurice, rival malheureux, ne cessoit d'irriter la famille contre l'amant favorisé ; et comme il étoit commandant du fort de Joux, il vouloit y séquestrer son rival ; mais celui-ci s'évada de Pontarlier.

La liaison des deux amans ayant éclaté, la marquise Lemonnier fut renvoyée à Dijon chez sa mère, madame de Ruffei, femme extrêmement dévote, et qui ne pouvoit manquer de surveiller sa fille avec le plus grand soin.

Le comte de Mirabeau ne fut pas plutôt informé du lieu qu'habitoit celle qu'il adoroit, que, sans considérer les suites de son imprudence, il se hâta de s'y rendre en secret. A peine Mirabeau arrivoit-il à Dijon, que madame de Ruffei le fit arrêter en le dénonçant au Grand-Prévôt. Cet officier craignant qu'un tel éclat ne déshonorât une famille considérée jusqu'alors dans la capitale de la Bourgogne, crut devoir relâcher le comte, après avoir exigé sa parole d'honneur qu'il se conduiroit avec circonspection. Le ministre approuva sans doute la conduite du Grand-Prévôt, puisqu'un ordre du Roi accorda au jeune Mirabeau la ville de Dijon pour lieu d'exil : c'étoit rapprocher de bien près deux amans qui ne demandoient pas mieux que d'habiter la même séjour. Madame de Ruffèi, qui savoit combien une telle proximité pouvoit être dangereuse, redoubla de précautions pour empêcher sa fille de voir son amant, et même de lui écrire : on enferme la jeune marquise Lemonnier dans sa chambre, on lui enlève papier, encre et plume; on veille nuit et jour autour d'elle dans la crainte que l'impétueux Mirabeau n'enlève sa maîtresse.

Ces deux amans parvinrent néanmoins à s'écrire, malgré tous les Argus qui les épioient. Dans une de ses lettres, Mirabeau conjura son amante de retourner à Pontarlier, tandis qu'il continueroit de rester à Dijon ; elle consentit à ce pénible sacrifice, et le vieux époux ne dut sa femme qu'à l'amour de celui qu'elle préféroit; mais il paroît que cette séparation momentanée n'étoit qu'une ruse pour écarter tous les soupçons, et que, dès cette époque, les deux amans avoient formé le projet de s'enfuir en Suisse.

Sur ces entrefaites, l'inflexible marquis de Mirabeau obtint une lettre-de-cachet pour reléguer son fils dans le château de Dourlens en Picardie. Cet ordre du Roi, auquel il eût fallu obéir, alloit traverser à jamais tous les projets des deux amans; mais M. de Malesherbes, qui étoit alors ministre d'État, fit dire au jeune Mirabeau qu'il n'avoit qu'un parti à prendre, celui de quitter la France et d'aller demander du service dans les armées étrangères, que tout s'accommoderoit mieux dans l'éloignement, d'où il pourroit fléchir enfin un père implacable, et que ce conseil étoit le dernier service qu'il pourroit lui rendre, attendu qu'il alloit quitter le ministère.

Mirabeau n'hésita point; il se retira en Suisse, vers la frontière la plus voisine de la Franche-Comté, afin que sa maîtresse eût la facilité de le joindre. La fuite de Mirabeau fut un coup de foudre pour la famille de Ruffei. La marquise de Lemonnier fut surveillée avec une rigueur nouvelle; madame de Ruffei chargea son fils d'aller à Pontarlier pour prendre sa sœur et la conduire dans un couvent.

Poussée au désespoir, la jeune marquise Lemonnier déclara à son mari qu'elle aimoit éperduement le comte de Mirabeau, qu'elle l'aimeroit toujours, qu'elle ne cesseroit point de lui écrire, et que le poison ou la fuite la dé-

livreroit du couvent. Elle promit d'être tranquille, et de rester chez elle, si l'on cessoit de la tyranniser, et elle ajouta ces propres mots : « Je ne peux faire aucune autre com-
» position dans les sentimens où je suis, ce
» seroit méditer un mensonge; je ne promet-
» trai point ce que je ne puis ni ne veux tenir.
» Si l'on pouvoit forcer ma bouche, mon cœur
» réclameroit ; si je ne suis point libre, c'est
» à mes geoliers à me garder, et à moi à les
» tromper. »

Tout n'étoit calmé qu'en apparence. Madame Lemonnier apprit qu'une lettre-de-cachet étoit vivement sollicitée contre elle par son mari. La terreur s'empara de son ame, et l'amour sut en profiter : elle réclame le secours que lui avoit promis son amant ; elle ne lui écrivit que ces mots énergiques : *Ou la fuite ou la mort.* Il vola au-devant d'elle jusqu'au pied des Alpes; elle se déroba à ses persécuteurs, et parvint à gagner la Suisse sous les auspices de l'amour.

Les deux amans en partirent bientôt avec une somme modique, peu de bijoux, et encore moins de linge et d'habits ; ils se rendirent en Hollande, et se fixèrent à Amsterdam vers la fin d'août 1776. Mirabeau y cacha son nom sous celui de St.-Mathieu, et vécut obscurément avec sa Sophie et quelques libraires, et trouvant dans ses seuls travaux littéraires ses moyens d'existence; il traduisoit des livres anglais, et composa quelques ouvrages, travaillant dès six heures du matin jusqu'à neuf du soir. Une heure de musique le délassoit agréablement, et sa charmante compagne embellissoit sa vie; elle faisoit des extraits, lisoit des livres intéressans et instructifs, dessinoit, traçoit de jolis tableaux, et revoyoit des épreuves.

Cette vie studieuse, diversifiée par les arts et par les charmes de l'amour, fut cruellement troublée: des parens impitoyables, un époux justement irrité, changèrent en longs jours de deuil ces momens délicieux: ils ne furent qu'un songe. Le vieux Lemonnier traitoit de rapt une fuite volontaire, peut-être afin que sa femme parût moins coupable. On accusa même son amant de l'avoir enlevée pour s'approprier son argent et ses bijoux. Un tribunal subalterne fut chargé d'instruire cette affaire, et les accusés n'avoient point de défenseurs. Bientôt les juges regardèrent la séduction comme prouvée, et rendirent, par contumace, au gré des accusateurs, une sentence de mort, d'après laquelle Mirabeau fut décapité en effigie.

Afin de le dérober, disoit-il, à la rigueur des lois, le patriarche des économistes, l'auteur de l'*Ami des hommes*, obtint contre son fils une lettre-de-cachet pour qu'il fût enlevé de la Hollande et renfermé dans une prison d'Etat. Il parvint à faire violer le droit des nations. Le gouvernement français réclama les deux fugitifs. Muni d'un ordre signé Amelot et Vergennes, un exempt de police, nommé Desbrugnières, vint chercher sa proie à Amsterdam, au sein d'un pays libre, dont nous avons déjà vu outrager la sauvegarde (1). Le comte de Mirabeau fut prévenu de ce qui se préparoit contre lui; mais il lui étoit impossible de prendre la fuite, parce qu'il avoit été forcé de contracter des dettes. Il eut beaucoup de peine à faire cet aveu à quelques

---

(1) Lorsqu'on y arrêta Maser de Latude.

véritables amis qu'il s'étoit faits; ils s'empressèrent de le cautionner, mais il étoit trop tard : la nuit même que les deux amans devoient disparoître, ils furent arrêtés : c'étoit le 17 mai 1777. Mirabeau auroit pu échapper s'il avoit voulu abandonner son amante; il étoit même déjà à une certaine distance ; mais ayant appris que madame Lemonnier venoit d'être arrêtée, il retourna sur ses pas, et se livra à l'inspecteur Desbrugnières, qui avoit ordre de le prendre *mort ou vif.*

Mirabeau préparoit à cette époque sa justification, et alloit présenter requête au parlement de Besançon, pour obtenir une sauve-garde qui lui permît de venir plaider lui-même sa cause. Sophie étoit enceinte; elle avoit résolu de terminer ses jours par le poison plutôt que de retourner au pouvoir de sa famille : Mirabeau arracha de ses mains le funeste breuvage.

Arrivés à Paris, le donjon de Vincennes reçoit Mirabeau. Sophie est déposée dans une maison sous la surveillance de la police; elle y fait ses couches, et est transférée ensuite au couvent de Sainte-Claire, à Gien, le 17 juin 1778.

Tome III. Q

Séparé de ce qu'il avoit de plus cher au monde, Mirabeau écrivit à son père : « Des-
» serrez mes chaînes, rendez-moi quelque so-
» ciété, la liberté de faire de l'exercice, de me
» procurer des livres, en un mot, ce qui est
» nécessaire à la vie : daignez me faire accor-
» der le château de Vincennes pour prison;
» j'y serai sous la main du Roi, tout comme
» dans ce donjon, et bien près de ce donjon
» redoutable, si je mésusois de ma liberté ».
Cette grace lui fut quelque temps refusée.

La marquise Lemonnier, à qui Mirabeau ne donna dans sa prison que le nom de *Sophie*, ne se vit pas plutôt entre les mains de l'exempt de police, qu'elle écrivit en ces termes à son mari : « Quelle que soit, Monsieur,
» la vengeance qu'il vous plaise tirer de moi,
» je crois vous devoir la justice qu'elle ne peut
» être celle qu'exerce ma famille; vous aime-
» riez mieux sans doute me faire punir par les
» lois, si je l'ai mérité, que de me voir traîner
» votre nom dans un refuge de prostituées :
» je ne réclame de vous ni indulgence, ni
» oubli de ma conduite : cette demande se-
» roit inutile, quoique je n'aie fait que ce

» que j'ai cru devoir faire pour éviter les
» coups d'autorité que le despotisme fait crain-
» dre à l'innocence même. Mais je vous prie,
» quel que soit le sort que vous me réservez,
» et sur lequel vous seul avez le droit d'im-
» plorer la justice, de ne pas me confondre
» avec des femmes qui ne rougissent jamais.
» Je désire un couvent : ce n'est pas là une grace,
» puisque, fussé-je convaincue, ce seroit la
» peine que m'infligeroient des juges. J'ai l'hon-
» neur d'être avec tous les sentimens que je
» vous dois, votre, etc. »

Cependant la mère de *Sophie* écrivit à M. Lenoir, lieutenant de police, avec toute la dureté d'une mère impitoyable : « Le sieur
» Desbrugnières a rempli sa mission avec
» toute l'adresse d'un homme qui a les mœurs
» à venger. Ma fille m'a écrit, et je suis bien
» sûre que c'est elle qu'il tient sous ses fers.
» Lorsque son entrée à Sainte-Pélagie vous
» sera certifiée par la Supérieure, je vous serai
» très-obligée de lui compter cent louis. »

Sophie, étant enceinte, ne put être renfermée dans cette maison destinée aux prostituées : elle fut livrée aux soins mercenaires d'une demoiselle Douay, qui tenoit une maison de force, et donna à sa prisonnière le nom de madame *de Courvière*. Sophie mit au monde une fille, et ce ne fut qu'après ses couches, le 18 juin 1778, que l'inspecteur de police, Guidor, la conduisit au monastère de Sainte-Claire, à Gien en Gâtinois. Dans la crainte de ne pouvoir écrire librement à sa chère Sophie, Mirabeau prit à son égard le nom de Gabriel, et imagina un chiffre dont la combinaison évitoit la rencontre des consonnes, les monosyllabes les plus ordinaires, et tous les inconvéniens qui le plus souvent trahissent les correspondances de cette nature.

Il composa dans le donjon plusieurs ouvrages de littérature. On lui refusa d'abord du papier; il s'en procura en déchirant les premières et les dernières pages des livres qu'on lui prêtoit. Après les avoir couvertes d'une écriture extrêmement serrée, il cachoit ces feuilles dans la doublure de son habit. Quand il sortit de prison, il portoit sur lui de cette manière le manuscrit de son ouvrage sur les lettres-de-cachet.

Ce qui n'est pas une des moindres singularités de la vie romanesque de Mirabeau, c'est que le lieutenant-général de police, M. Lenoir, consentoit à ce qu'il écrivît journellement des volumes de lettres à Sophie, que ce magistrat lisoit d'abord, et qu'il permettoit en outre à son prisonnier de composer, dans le donjon, des ouvrages que l'inspecteur Desbrugnières alloit vendre aux libraires de Paris. Manuel, qui a été l'éditeur des lettres originales de Mirabeau, fait même entendre que l'ouvrage très-obscène intitulé : *le Libertin de qualité, ou ma Conversion*, fut composé et vendu de la sorte, sous les auspices du magistrat dont le devoir étoit d'empêcher la publication de tout écrit contraire aux bonnes mœurs.

Mirabeau ne fut mis en liberté que le 17 septembre 1780. Il paroît qu'il se réconcilia avec son père, puisqu'il passa seize mois auprès de lui : il ne le quitta que pour faire révoquer la sentence rendue à Pontarlier. Il attaqua judiciairement les magistrats qui l'avoient condamné sans entendre ses défenses, d'après des témoins interrogés et entendus sur un adultère dont le mari ne s'étoit pas plaint au tribunal, et d'après le rapport de l'homme public, qui étoit parent de l'accusateur au degré prohibé par l'ordonnance. La sentence fut annullée par une transaction passée entre Mirabeau et le marquis Lemonnier, le 11 août 1782; il fut convenu que toutes les difficultés nées et à naître au sujet, tant de la plainte portée par M. Lemonnier que de la sentence, demeureroient éteintes et supprimées, etc. Le 14 août suivant, cette transaction fut homologuée sur les conclusions du ministère public.

Sophie reprit sa dot et sa liberté, et une pension viagère lui fut adjugée. Mais la fin de cette femme, aussi tendre que passionnée, fut très-malheureuse, et doit servir d'exemple à toutes celles qui oublient la loi du devoir pour courir après un bonheur imaginaire et momentané. Elle éprouva qu'il n'est point d'amours éternelles, et que les regrets et le désespoir marchent à leur suite. L'inconstant Mirabeau l'abandonna; elle y fut sensible, et chercha à s'en venger en devenant infidèle à son tour. Elle oublioit l'ingratitude de son premier amant dans les bras d'un autre qu'elle se flattoit d'épouser, lorsqu'elle en fut aussi délaissée. Le désespoir s'empara de son ame, et, dans la crainte d'éprouver encore la perfidie des hommes, elle eut le courage de se donner la mort en s'étouffant dans la vapeur du charbon.

Le marquis Lemonnier fut aussi malheureux père qu'époux infortuné : la fille qu'il avoit eue de sa première femme répondit à l'amour de M. de Valdahon, mousquetaire, jeune homme rempli de mérite, et qui étoit pour elle un parti avantageux ; mais le marquis Lemonnier refusa toujours son consentement avec une opiniâtreté extraordinaire. Les deux amans au désespoir se virent réduits à fuir ensemble en pays étranger. Alors le père intenta un procès criminel au jeune homme, qu'il accusa de séduction et de rapt, et qu'il fit condamner à vingt ans d'exil, à des dommages-intérêts considérables, déshonorant encore plus sa fille que celui qu'elle avoit cru digne de son choix. Ce procès honteux, porté dans cinq tribunaux, dura sept années consécutives. Ce fut en vain que mademoiselle Lemonnier, devenue majeure en 1769, fit à son père des sommations respectueuses pour épouser son amant, dont la constance fut mise aux plus rudes épreuves. Enfin cette affaire, qui paroissoit interminable par les éternelles chicanes d'un père insensible et entêté, se jugea définitivement, en 1771, au parlement de Metz. M. Lemonnier fut débouté de son opposition; permis aux parties de s'épouser; trois commissaires nommés par la cour pour faire le contrat de mariage; mademoiselle Lemonnier prise sous la sauve-garde du parlement; et le père condamné à soixante mille livres de dommages et intérêts, et à tous les dépens.

Ce fut alors que M. Lemonnier, veuf depuis plusieurs années, crut se venger de sa fille et de son gendre en formant de nouveaux nœuds; mais il se plongea dans de nouvelles infortunes, ainsi qu'on vient de le voir, et montra qu'il est des hommes que rien ne peut corriger de leurs erreurs passées.

Après avoir triomphé judiciairement de cet époux, Mirabeau retourna en Provence; il écrivit à sa femme: « Huit années ont mûri ma jeu-

» nesse depuis que nous vivons éloignés l'un
» de l'autre : je croirai difficilement que ces
» huit années dévouées au malheur, titre très-
» sacré sur les bons cœurs, m'aient chassé du
» vôtre...... » Toutes ses instances furent inu-
tiles, de même que celles d'un grand nombre
de personnes respectables. Madame de Mirabeau refusa de retourner avec son mari. Celui-ci, dont l'orgueil étoit blessé, changea de
stile ; il présenta requête, et demanda qu'in-
jonction soit faite à la comtesse de Mirabeau de se rendre auprès de lui, et d'y demeurer en qualité d'épouse, à la charge par
lui de la traiter maritalement. Alors commença au parlement de Paris un de ces procès
scandaleux qui amusent la malignité du public.
L'avocat de Mirabeau fut Duport-Dutertre (1);
celui de madame de Mirabeau fut Delacroix,
auteur d'excellens ouvrages, et qu'on a vu
depuis professeur de droit public au Lycée. La
séparation de corps des deux époux fut so-
lemnellement prononcée.

---

(1) Depuis ministre de la justice, et qui a péri
sur l'échafaud.

Voici sous quels traits affreux la comtesse de Mirabeau peint son mari, dans le mémoire qu'elle publia, en 1783, pour obtenir cette séparation : « Il n'a jamais connu de devoirs, » s'est joué de l'honneur, de la bonne foi, » de la vertu ; il n'a respecté ni les liens du » sang, ni ceux de la nature ; il a attenté à la » propriété d'autrui, et son caractère féroce » a menacé la société ; il a été mauvais fils, » mauvais époux, mauvais père, mauvais ci- » toyen, sujet dangereux ; il a accablé sa » femme d'injustes soupçons et de coups réi- » térés..... »

Quand il eut perdu son procès, Mirabeau chercha à s'en consoler en faisant un voyage à Londres. A son retour il publia des ouvrages relatifs aux finances, à la politique. M. de Calonne, alors ministre tout-puissant, qui redoutoit les écrits de cet homme observateur et satirique, le fit exiler en Prusse, sous prétexte de le charger d'une mission secrète et importante, mais qui pouvoit être plus dangereuse qu'honorable. Ce fut là que Mirabeau prépara son grand ouvrage *de la Monarchie Prussienne*, et les matériaux de celui non moins curieux qu'il intitula : *Histoire secrète de la Cour de Berlin.*

Le grand Frédéric montra de l'estime pour l'écrivain français; Guillaume, son successeur, le vit avec moins de satisfaction. On persuada au nouveau roi que Mirabeau cherchoit trop à pénétrer dans les secrets de l'État, et on lui signifia l'ordre de partir dans vingt-quatre heures. Il rassembla avec peine assez de fonds pour faire sa route; il s'arrêta à Nancy à une représentation de Didon, devint amoureux de l'actrice, perdit auprès d'elle une nuit et sa bourse, partit en empruntant celle de son secrétaire, et arrivé presqu'au terme de son voyage, une roue de sa voiture casse; il la laisse au Bourget, abandonne le secrétaire, les papiers, et revient à Paris à pied et sans un sou.

Les secousses de la révolution commençoient à ébranler la France. Il vole en Provence pour obtenir des voix aux nominations qui se préparent : exclu des assemblées de la Noblesse par les grands possesseurs de fiefs, il se range sous les bannières du Tiers-État ; il est nommé représentant du peuple par les deux communes d'Aix et de Marseille, il siége aux États-Généraux à l'âge de trente-neuf ans, et y fait bientôt admirer son éloquence et son énergie. Au comble de la gloire, il meurt empoisonné le 2 avril 1791.

Le jour de sa mort tous les spectacles furent fermés comme dans un jour de calamité générale. Les députations du peuple de Paris et des autorités constituées parurent à la barre de l'Assemblée constituante. Pastoret, au nom du Département, demanda, et l'Assemblée s'empresa de décréter que Mirabeau recevroit les honneurs du Panthéon.

La pompe de ses funérailles fut ordonnée avec la plus grande magnificence; l'Assemblée nationale se rendit toute entière au domicile de Mirabeau, où s'étoient déjà rendus le Directoire du département, tous les ministres, le Corps municipal, le Corps électoral, plusieurs municipalités des environs de Paris, les présidens des comités des quarante-huit sections, et enfin des députations de tous les états. Quand le convoi funèbre se mit en marche, douze mille gardes nationaux l'escortèrent, rangés sur deux files. Le cortége étoit fermé par quatre mille citoyens vêtus de noir ; un corps considérable de musiciens faisoit entendre par intervalle une musique lugubre et déchirante. Dans l'intérieur de l'église de Saint-Eustache, et au milieu des cérémonies funèbres, les gardes nationaux déchargèrent à la fois leurs armes, et ce salut militaire occasionna un fracas pareil à celui de la foudre : on eût dit que le temple alloit s'écrouler sur le cercueil.

Son corps, transporté au Panthéon et placé à côté de celui de Descartes, en fut retiré par ordre de la Convention en novembre 1793, et dispersé par le peuple, qui brûloit au même instant son buste à la place de Grève, comme celui d'un ennemi de la République, qui avoit eu des intelligences avec la famille royale, ce que sembloit prouver la découverte des papiers trouvés dans une armoire de fer du château des Tuileries. Ainsi fut vérifié ce que Mirabeau avoit dit lui-même : « Qu'il » n'y avoit pas loin du Capitole à la roche » Tarpéienne, et que ce même peuple qui » l'encensoit, auroit eu autant de plaisir à le » voir pendre. » Sa taille étoit ordinaire, son visage défiguré par les traces de la petite-vérole; sa tête, ombragée d'une forêt de cheveux, lui donnoit quelque ressemblance au lion. Mirabeau avoit un grand caractère, des talens rares, quelquefois sublimes, un choix unique d'expressions, une connoissance profonde du cœur humain ; mais il fut toute sa vie le plus immoral des hommes ; irascible et despote par essence, s'il eût gouverné un empire, il eût surpassé Richelieu en orgueil et Mazarin en politique.

CHAPITRE XXXIII.

Détention du comte de Sade ; de Goupil, inspecteur de police ; de Beaudouin de Guemadeuc, maître des requêtes ; de Dubut de la Tagnerette, fils d'un administrateur des postes ; du comte de Solages, Irlandais de Whyte.

MIRABEAU avoit pour voisin, dans le donjon de Vincennes, le comte de Sade, qui avoit poussé le libertinage jusqu'à la débauche la plus effrénée; l'effervescence de ses passions le conduisit même au crime, et ses parens le dérobèrent au supplice, en le faisant enfermer, le 30 octobre 1763 au château de Chaufour; il y resta jusqu'au 16 avril 1768, qu'il fut transféré au château de Saumur; de là à Pierre-en-Cise; et enfin, le 2 juin, à la Conciergerie. Sa famille lui faisoit payer, dans ces différentes prisons d'État, deux mille quatre cents livres de pension; elle le fit reconduire le 17 juin de cette même année à Pierre-en-Cise, Exilé ensuite à la

Coste, le 22 novembre 1768, il fut conduit à Vincennes le 13 février 1777 ; il y resta jusqu'au 29 février 1784 ; à cette époque il fut transféré à la Bastille, et enfin, au mois de juin 1789, à Charenton, d'où il sortit pendant la révolution, en vertu d'un décret qui ne le concernoit point personnellement.

Le comte de Sade fut transféré à Charenton à la suite d'une scène qu'il eut avec l'Etat-Major à la Bastille, et dont voici quelques détails : A une heure réglée le prisonnier jouissoit de la promenade sur le haut des tours. Les troubles de Paris, qui croissoient chaque jour, obligèrent le Gouverneur à redoubler de précaution, à faire charger ses canons, et par suite, à interdire les terrasses des tours aux prisonniers. M. de Sade, mécontent de cette privation, s'emporta et jura de faire un tapage affreux s'il ne recevoit pas une réponse favorable à la requête qu'il chargea son porteclefs de présenter à cet effet au Gouverneur. Celui-ci persiste dans son refus. De Sade prend alors un long tuyau de fer-blanc, à l'une des extrémités duquel étoit un entonnoir qu'on lui avoit fait faire pour vider plus commodément ses eaux dans le fossé. A l'aide de cette espèce de porte-voix qu'il adapte à sa croisée, qui donnoit sur la rue Saint-Antoine, il crie, il assemble beaucoup de monde, se répand en invectives contre le Gouverneur, et invite les citoyens à venir à son secours, alléguant qu'on veut l'égorger. Furieux de cette scène, le marquis Delaunay, gouverneur de la Bastille, dépêche un courrier à Versailles, et obtient l'ordre de faire transférer de Sade à Charenton, ce qui fut exécuté dans la nuit même.

On prétend qu'il étoit marié, et que sa femme venoit quelquefois le voir à la Bastille.

Il avoit un grand nombre d'habits galonnés ou richement brodés, qu'il avoit apportés avec lui de Vincennes, et qui, au 14 juillet, devinrent la proie des vainqueurs de la Bastille.

En 1760, le comte de Sade cultivoit la chimie et la physique. Il voulut faire des expériences de différentes recettes qu'il croyoit propres à la guérison des plaies et des blessures; il attira chez lui, pour cet effet, une pauvre femme, et lui déchira cruellement tout le corps afin d'avoir ensuite la satisfaction de la

Tome III. R

guérir : elle eut le bonheur de s'échapper des mains de ce dangereux Esculape.

Quelques années après il donna, à Marseille, une fête très-brillante, à laquelle il invita beaucoup de monde. Elle commença par un souper splendide, et au dessert on servit des pastilles au chocolat et aux mouches cantharides; on les trouva si exquises que plusieurs personnes en mangèrent avidement. Elles ne tardèrent pas à produire leur funeste effet à un bal qui suivit le repas : les danseurs et les spectateurs, brûlant tous d'une ardeur impudique, se livrèrent aux emportemens les plus désordonnés : M. de Sade en profita pour jouir de sa belle-sœur; il s'enfuit ensuite avec elle dans une province éloignée : heureusement que sa famille ne tarda pas à le faire arrêter. Un tel homme méritoit sans doute d'être séquestré de la société.

A-peu-près à la même époque, un inspecteur de police, qui avoit prêté son ministère pour faire jeter dans les prisons d'Etat un grand nombre d'innocens, fut incarcéré à son tour, et reçut ainsi la juste punition qu'il méritoit.

Pierre-Etienne-Auguste Goupil, inspecteur de police, étoit natif d'Argentan en Normandie; dès sa plus tendre enfance, sa famille fut obligée de le faire mettre à Bicêtre. Sorti de cette prison, il servit quelque temps dans la gendarmerie; il fut ensuite commandant de la maréchaussée à Fontainebleau, où il épousa une jolie femme. Protégé par MM. de Montmorin et de Sartine, il acheta, avec la dot de son épouse, une charge d'inspecteur de police: il devint le bras droit de M. Lenoir, à qui il persuadoit qu'il découvroit tous les livres clandestins imprimés en pays étrangers, et qu'on vouloit entrer furtivement dans Paris. Afin de se faire valoir davantage, il dénonçoit souvent à ce magistrat des brochures licencieuses, ou des pamphlets qui jamais n'existèrent. Par exemple, on parloit d'un ouvrage où l'auteur, disoit-on, osoit dévoiler les amours de la Reine. Goupil fut lancé à la recherche de ce libelle, qui probablement n'existoit pas encore. On lui promit une place honorable s'il parvenoit à enlever toute l'édition: il vole aussitôt à Bruxelles et en Hollande, sous prétexte d'y faire des perquisitions. Après une absence d'un mois, il revient apportant l'édition de cet ouvrage, qu'il avoit lui-même fait imprimer.

Dominé par l'esprit d'intrigue, il pénètre jusqu'à la princesse de Lamballe, et se vante d'avoir arrêté une brochure infâme contre la Reine. Il fait ensuite avertir cette souveraine, par madame de Saluces, qu'un exempt de police, nommé d'Hémeri, espionnoit Sa Majesté, par ordre de M. de Maurepas, jusque dans sa loge au spectacle.

Marie-Antoinette ne tarda pas à savoir le nom de l'inspecteur qui avoit découvert et arrêté ce libelle prétendu : dans le premier mouvement de sa reconnoissance, elle en parle au Roi et à M. de Maurepas ; elle veut que, pour récompenser Goupil, on fasse tout pour lui. Informé des bontés de son auguste protectrice, il a l'effronterie de demander la place supérieure de visiteur des postes aux lettres, qui l'eût presque égalé au baron d'Oigny, qui en étoit surintendant. Le comte de Maurepas eut ordre de terminer cette affaire sans délai. La Reine veut, de plus, que la femme de Goupil, protégée par la princesse de Lamballe, soit sa lectrice. Le vieux ministre crut devoir faire part à M. Lenoir des intentions de la souveraine.

Mais ce fut au moment où la fortune sembloit vouloir élever cet inspecteur de police au comble de sa faveur, qu'il en fut précipité tout-à-coup. Les envieux, les jaloux s'agitèrent; quelqu'un, qui desiroit vivement la charge de Goupil, dont il étoit d'ailleurs l'ami et le confident, résolut de le perdre en dénonçant ses intrigues et ses perfidies; mais un scélérat qui en démasque un autre par intérêt est-il moins méprisable ? M. Lenoir apprend avec surprise et confusion que Goupil, loin de les arrêter, contribuoit lui-même à faire circuler des livres défendus dans Paris. Furieux d'avoir été trompé, le magistrat dissimule la vengeance qu'il médite; il demande quinze jours pour mieux répondre de la probité d'un homme qu'on pouvoit regarder comme son ouvrage. Il profite de cet intervalle pour éloigner Goupil, qu'il charge, ainsi que sa femme, de la conduite d'un prisonnier transféré à Pierre-en-Cise.

On éclaira la Reine sur le compte de l'homme que sa bonté séduite vouloit élever. A son retour, le 9 mars 1778, Goupil, qui s'attendoit à être chargé du secret de la poste, et croyoit déjà toucher au comble de la fortune, est saisi, mené au donjon de Vincennes; et sa femme, qui devoit être lectrice, peut-être favorite de la Reine, est enfermée à la Bastille.

Afin de cacher sans doute le vrai motif de l'arrestation de Goupil, on lui reprocha seulement, dans son interrogatoire, d'avoir travaillé avec le prince Louis de Rohan et un nommé Dodet, à une cabale contre M. Lenoir; et sur-tout d'avoir rapporté que le gendre de ce lieutenant de police, M. de Nanteuil, avoit dit aux poissardes, à l'ouverture de la foire St.-Germain : « Criez vive monseigneur Lenoir. »

Goupil écrivit, du fond de sa prison, à M. de Sartine (1) une lettre suppliante, dont il ne reçut aucune réponse. « Rappelez-vous,
» Monseigneur, lui disoit-il, ce que nous
» avons fait, mon épouse et moi, pour vous
» plaire ; combien nous avons prié, sollicité,
» par des soins, des assiduités, monsieur le
» marquis et madame la marquise d'Avaray,

---

(1) Alors ministre de la marine.

« pour qu'ils intéressassent, dans leurs sou-
» pers, le comte de la Marche et le duc d'Ai-
» guillon, afin qu'ils dissuadassent M. de Mau-
» peou de ses injustes préventions contre vous.
» Nous nous flattions de dissiper l'orage qui
» s'élevoit pour vous perdre. Ce fut le baron
» d'Enneval, colonel d'infanterie, qui me
» présenta quatre fois de suite chez le minis-
» tre des affaires étrangères. Vous n'avez pu
» oublier ce que j'ai fait aussi pour vous dans
» les affaires du parlement de Bretagne. J'eus
» chez moi, pendant six mois consécutifs, M. et
» madame d'Enneval, et deux de leurs do-
» mestiques, *pro Deo*, afin de savoir ce qu'ils
» écrivoient, et ce qui leur seroit adressé. »

Goupil fut, dit-on, trouvé mort au donjon, dans sa chambre, n°. 9, le 28 avril 1780, assis sur sa chaise, en bonnet de nuit, et ses lunettes à la main. Le bruit courut qu'il y avoit été pendu en vertu d'ordres secrets. Nous dirions qu'il l'avoit bien mérité, si les actes de justice ne devenoient tyranniques et odieux lorsqu'ils sont exercés dans les ténèbres.

Sa veuve ne sortit de la Bastille qu'au bout de sept mois de détention, pour être transférée à la Flèche, au couvent de la Madeleine. Elle fit tant par ses intrigues, qu'elle parvint à faire remettre au ministre Amelot et à ses anciens protecteurs de Paris, des lettres très-pressantes qui lui procurèrent la liberté.

Manquant du plus absolu nécessaire, elle revint dans la capitale, se flattant que les amis qu'elle y avoit eus ne l'abandonneroient point dans son infortune; mais elle éprouva qu'il n'est que des cœurs indifférens pour les malheureux, et sur-tout pour ceux dont la conduite est susceptible de reproches. La misère la contraignit de se lier à un second époux, qui l'empêcha du moins de mourir de faim. Comme on lui refusa long-temps l'extrait mortuaire de son premier mari, cet obstacle retarda ce nouvel et triste hymenée.

Cette intrigante, trop connue pour faire encore des dupes, repoussée de tous les lieux où jadis elle avoit été si bien accueillie, maudissant les gens de la Cour et leurs faveurs si souvent chèrement achetées, pleurant sa fortune trop tôt évanouie, se retira, vers 1786, dans un petit village situé entre Paris et Orléans, où elle végéta dans l'oubli et dans la détresse.

Il n'intriguoit point, celui dont nous allons parler ; mais qui croiroit, si on n'en avoit les preuves, qu'un magistrat d'un nom respectable a pu être animé de la passion honteuse de voler des couverts d'argent aux tables où il étoit admis? Beaudoin de Guémadeuc jouissoit de deux charges lucratives et honorables au Grand-Conseil, celle de grand référendaire, et celle de maître des requêtes ; il n'étoit pourtant point heureux. Sans avoir jamais eu aucun autre reproche à faire à la mère de ses enfans, que celui de se livrer aux modes les plus ridicules, et d'aimer trop à jouer la comédie, il se la vit enlever par son beau-père d'Arlincour, sous prétexte d'inconduite.

Sa malheureuse passion de voler, qu'il n'avoit pu vaincre, obligea sa famille de le faire séquestrer de la société. Ce fut en 1779, au moment où la mort de madame de Cuisi l'appeloit au tiers d'une succession opulente montant à cinq millions, qu'il fut arrêté et enfermé dans le donjon de Vincennes. Pendant qu'il étoit dans les fers, il refusa de signer des arrangemens onéreux. M. Amelot, piqué de sa résistance, le relégua chez les Cordeliers de Tanlay (1). L'infortuné Beaudoin, n'ayant plus qu'une culotte, une veste de nankin, et une paire de souliers, étoit résigné à se faire Capucin, ne fût-ce que pour avoir des livres.

On le cite encore aujourd'hui comme l'auteur des vols répétés qui se commettoient chez le garde des sceaux, rue de Miroménil. Depuis long-temps il disparoissoit chaque jour un couvert à la table du chef de la magistrature. Un exempt de police promit de découvrir le voleur, pourvu que, sous un costume respectable, il lui fût permis de se placer au rang des convives. Bientôt, en effet, il s'aperçut que M. de Guémadeuc glissoit adroitement un couvert de vermeil dans sa poche.

Ce maître des requêtes n'avoit que cette funeste habitude, car d'ailleurs il étoit rempli d'esprit et de connoissances : on lui attribue même un ouvrage satirique, mêlé de choses agréables, ayant pour titre, *l'Espion dévalisé*. (2)

―――――――――――

(1) Bourg à neuf lieues d'Auxerre, département de l'Yonne.

(2) Londres, 1782, vol. *in-*8°. de 240 pages.

Dubut de la Tagnerette, fils de Dubut de Longchamps, administrateur des postes, s'étant jeté dans des dépenses inconsidérées avec des filles et des jeunes gens de son âge, son père, effrayé de son inconduite, le fit mettre au donjon de Vincennes, en 1783. Il fut ensuite mis en liberté, mais sans se montrer plus sage : le père, peu après, obtint une nouvelle lettre-de-cachet pour faire enfermer ce fils incorrigible à la Bastille, où il resta trois mois.

Les mêmes motifs occasionnèrent la détention du comte de Solages, trouvé à la Bastille le 14 juillet 1789. Il avoit été arrêté en 1782, à Toulouse, sa patrie, d'après un ordre du ministre Amelot, et à la réquisition de son père, pour dérangement de conduite, ainsi qu'il le raconta lui-même, et pour des folies de jeunesse. Il fut d'abord conduit à Lyon, puis à Pierre-en-Cise, et ensuite à Vincennes, en 1783, d'où on le transféra à la Bastille au mois de février 1784, lorsqu'on ôta les prisonniers du donjon. Solages, pendant le temps de sa captivité dans ces deux forteresses, ne subit jamais le moindre interrogatoire; jamais il ne reçut une seule lettre de sa famille ni de ses amis, quoiqu'il leur écrivît fréquemment ; sur-tout lorsqu'il ne prévoyoit pas encore la véritable cause de leur silence, occasionnée parce qu'ils ignoroient son sort, et que toutes ses lettres étoient interceptées. A sa sortie, il apprit la mort de son père, dont on avoit saisi tous les biens, parce que le vieillard avoit laissé beaucoup de dettes. Solages ne savoit pas que M. Lenoir n'étoit plus lieutenant-général de police, ni que les Etats-Généraux se tenoient à Versailles. Il entendit de sa chambre, à la Bastille, des décharges d'artillerie et des coups de fusil; il demanda ce qui les occasionnoit : on lui dit que la populace de Paris étoit révoltée à cause de la cherté du pain. Lorsqu'on pénétra dans la Bastille, son cachot étoit ouvert, et son porte-clefs venoit d'y entrer pour lui porter à dîner (1), ou plutôt pour se soustraire à la fureur du peuple.

---

(1) Les prisonniers de la Bastille, ainsi que ceux de Vincennes, dînoient à onze heures, et alors il devoit être près de quatre heures; mais ce retard ou cette négligence étoit pardonnable dans le trouble affreux qu'éprouvoient les personnes attachées à la Bastille.

De Whyte ne sortit également de la Bastille qu'à l'époque mémorable du 14 juillet. C'est ce prisonnier que les Parisiens, ivres de joie, promenèrent pendant plusieurs jours, et que l'on montra dans tous les lieux publics de la capitale. Il étoit défiguré par une barbe d'une longueur prodigieuse. Il avoit été transféré du donjon de Vincennes à la Bastille avec les comtes de Sade et de Solages. On ignore depuis combien d'années il y étoit enfermé : il a été impossible de découvrir l'origine de ce prisonnier, ni quel délit il avoit commis. Son esprit étoit absolument aliéné, effet ordinaire d'une trop longue détention : chaque semaine il racontoit une histoire différente de ses malheurs. Il fallut le transférer à Charenton un mois après la destruction de la Bastille. Cet infortuné parloit fort bien anglais, ce qui fit croire qu'il étoit né en Irlande.

Quant au donjon de Vincennes, il eut le même sort que le château, il cessa aussi, en 1784, d'être maison royale et prison d'État. La garde en fut entièrement supprimée ; un simple concierge y fut établi pour ouvrir et fermer les portes. Les ponts-levis du château n'existèrent plus ; on ne conserva que celui du donjon. Cette tour, jadis si fameuse et si redoutable, demeure d'une longue suite de rois, et prison d'Etat pendant plusieurs siècles, est maintenant inhabitée. On y permit, en 1785, l'établissement d'une boulangerie, qui fournissoit à Paris et aux environs, le pain à un sou meilleur marché les quatre livres que le taux ordinaire. Une partie des caves et cachots renferme aujourd'hui un dépôt considérable de poudre.

Les prisonniers d'État renfermés au donjon en 1784, furent tous transférés à la Bastille et dans d'autres châteaux-forts.

On croit assez généralement que l'évacuation du donjon de Vincennes fut occasionnée par l'ouvrage du comte de Mirabeau, intitulé : *des Lettres-de-cachet*, etc. Il paroît du moins que cet écrit y contribua beaucoup, en éclairant le baron de Breteuil sur un grand nombre d'abus.

Une foule de curieux se porta long-temps au donjon de Vincennes, afin de contempler en liberté un lieu où tant de personnes avoient été enfermées. On donnoit une légère rétribution pour parcourir sa sombre enceinte. A cette époque de curiosité générale, au mois de septembre 1784, lors de la fête du lieu, un spéculateur offrit au concierge du donjon deux cents écus des petits bénéfices que lui vaudroit la curiosité du public ce jour-là seul : celui-ci refusa d'accepter la proposition, et il n'eut pas sujet de s'en repentir.

La démolition de la Bastille sembloit présager celle de tous les châteaux-forts qui servoient de prisons d'État. On s'attendoit principalement à voir détruire de fond en comble le donjon de Vincennes, qui même, depuis plusieurs années, n'étoit plus habité ; mais une année après la révolution du 14 juillet 1789, on fut singulièrement étonné de voir la municipalité de Paris solliciter la permission de faire restaurer cette antique forteresse, sous prétexte que les prisons de la capitale ne pouvoient contenir tous ceux qu'on arrêtoit comme ennemis de la liberté naissante (1). Le peuple, toujours prêt à s'insurger à cette époque, ne

---

(1) Voyez à la fin du volume le rapport fait au Conseil municipal le 15 novembre 1790.

manqua pas de s'ameuter, quand il vit remettre à grands frais le donjon en état de recevoir les prisonniers. Une partie des habitans du faubourg Saint-Antoine se porta en armes à Vincennes, résolue de ne faire qu'un monceau de ruines du donjon. Mais M. de Lafayette, instruit de cet événement, dépêcha un de ses aides-de-camp, M. Desmottes, pour examiner tout ce qui se passoit, et faire avancer les bataillons de la milice parisienne. L'aide-de-camp Desmottes vint dire que la démolition étoit commencée, malgré l'approche des troupes, et qu'on lui avoit tiré plusieurs coups de fusil dans l'avenue de Vincennes. Aussitôt M. de Lafayette, dont les secours avoit été requis par la municipalité de Vincennes, se hâta de se rendre sur les lieux, escorté par un détachement de cavalerie jusqu'à l'entrée du faubourg Saint-Antoine, qu'il traversa seul, accompagné d'un aide-de-camp, quoique la fermentation y fût extrême. Il trouva à Vincennes les troupes rangées en bataille dans la principale cour en face du donjon, tandis que des démolisseurs en abattoient les parties supérieures, et notamment les logemens qu'on venoit déjà d'y pratiquer. Plusieurs soldats de la garde nationale quittèrent les rangs et murmurèrent de ce qu'on vouloit employer la violence. Le commandant-général ordonna que chacun eût à reprendre son poste, ou qu'il passeroit son épée au travers du corps au premier qui oseroit s'éloigner. Il dit ensuite au maire de Vincennes : « Monsieur, comme commandant » de la garde nationale, je prends ici vos ordres » et j'obéirai ; mais je vous avertis que, si vous » manquez de fermeté, et si vous ne faites pas » respecter la loi, je vous dénonce demain à » l'Assemblée nationale. » Le maire de Vincennes requit alors M. de Lafayette de faire chasser les démolisseurs et d'arrêter ceux qu'on trouveroit en flagrant délit. Soixante des ouvriers volontaires furent saisis; les autres prirent la fuite.

Cependant des mal-intentionnés, croyant soulever entièrement le faubourg, sonnèrent le tocsin, et l'on se préparoit à enlever les prisonniers à leur passage. Instruit de cette résolution, M. de Lafayette fit marcher en avant les grenadiers soldés, avec du canon et de la cavalerie; les prisonniers furent placés au milieu d'une forte colonne. On traversa de la sorte le faubourg Saint-Antoine; après avoir été arrêté quelques instans aux barrières, qui se trouvèrent fermées. Les troupes marchèrent avec beaucoup d'ordre et de tranquillité jusqu'à l'Hôtel-de-Ville, et ensuite à la Conciergerie, où les prisonniers furent déposés.

Depuis cet événement, l'Assemblée nationale décréta la démolition totale du donjon de Vincennes; mais cette démolition n'eut point lieu, et Vincennes subsiste aujourd'hui dans son entier.

RAPPORT

SUR

LE DONJON DE VINCENNES,

Fait au Conseil Municipal, en la séance du lundi 15 novembre 1790, par M. JALLIER, Architecte, Officier municipal, l'un des Commissaires nommés pour en faire la visite.

MESSIEURS,

CHARGÉ par le Conseil Municipal, avec MM. Levacher et Stouf, mes collègues, de vérifier si le donjon de Vincennes pourroit servir au soulagement des prisons du Châtelet, où les prisonniers sont accumulés d'une manière effrayante, nous nous y sommes transportés hier dimanche 14, et je vais avoir l'honneur de vous présenter le résultat de notre examen, précédé de quelques réflexions nécessaires au jugement de notre rapport.

Deux conditions sont essentielles à l'établissement des prisons autorisées par la loi, sûreté et salubrité.

L'épaisseur des murs, qui se présente à l'esprit comme le premier et le meilleur moyen de sûreté, n'est cependant pas le plus certain ; il en est un bien préférable, c'est l'isolement. Ce procédé réunit beaucoup d'avantages, il économise les gardiens, rend la surveillance facile et les secours plus prompts ; deux sentinelles, d'un coup d'œil, peuvent embrasser le contour d'une prison, quelle qu'en soit la forme ; enfin les tentatives extérieures ne peuvent plus se hasarder, et si celles de l'intérieur ne sont pas toujours découvertes quand les prisonniers les commencent, elles le sont infailliblement lors de leur issue.

Une enceinte extérieure formée par un mur élevé est aussi de la plus haute nécessité ; ce mur ôte aux prisonniers jusqu'à l'idée de tenter leur évasion, puisqu'échappés du bâtiment qui les renferme, ils se trouveroient infailliblement repris dans cette enceinte continuellement fréquentée par les sentinelles.

Enfin, un fossé large et profond qui enveloppe

tout son extérieur, paroît aussi une précaution indispensable quand le terrein le permet.

Venons à la salubrité.

L'air, le premier besoin et le principe de la vie des hommes, est leur plus dangereux ennemi quand ils sont amoncelés dans un lieu clos; car, tel est l'amour de cet élément pour la liberté, que si on le renferme, il fermente, réagit, et tue rapidement les êtres dont il entretenoit l'existence.

Les conditions les plus indispensables pour rendre les prisons salubres sont donc d'en isoler les édifices, de les percer sur tous les sens, de les éloigner des bâtimens dont la hauteur intercepteroit l'air, de faciliter le passage des courans qui peuvent le renouveler à tous les instans, et de profiter, suivant les temps et les saisons, de ceux qui portent avec eux la salubrité et la santé.

La réunion de toutes ces conditions ne s'est point encore trouvée dans les prisons élevées sous l'autorité des lois, et il est à remarquer que si, dans celles construites par le pouvoir arbitraire, les précautions de salubrité y étoient souvent négligées, au moins les combinaisons de sûreté y ont été poussées jusqu'à la recherche la plus scrupuleuse.

C'est donc avec une satisfaction bien vive que nous annonçons à la Municipalité que le donjon de Vincennes, visité par ses ordres, réunit les doubles données de salubrité et de sûreté que l'humanité et la loi commandent; qu'au mérite d'un isolement absolu se joignent ceux d'une position heureuse, d'un local considérable et d'un édifice solide ouvert de tous côtés aux influences bienfaisantes d'un air pur et salutaire, avantages que la description du donjon va mettre sous les yeux du Conseil.

Cet édifice a été construit par trois de nos rois (1) pour leur servir de maison des champs : sa situation à l'entrée d'un bois dont toutes les allées y aboutissent, et son élévation, qui le rend susceptible de recevoir constamment un air pur, en faisoient un séjour aussi agréable que salubre. Deux enceintes l'environnent, la première consiste en un fossé large et profond qui l'isole de toutes parts; on entre dans la seconde, fermée de hautes murailles, par un pont-levis; sur les créneaux sont construites des galeries dont les principales vues sont tournées sur la campagne, et qui sont occupées à présent par les ouvriers d'une manufacture de platines : cette seconde enceinte pourra servir de promenade aux prisonniers.

Au milieu est la prison, autrefois habitation royale; elle contient quatre étages formés chacun d'une grande salle ou chauffoir de trente pieds en

---

(1) Philippe de Valois, le roi Jean et Charles V.

carré, voûtée en ogive, dont le centre est soutenu par un pilier, et ayant dans ses angles quatre pièces octogones de treize pieds en tous sens, et toutes avec cheminée.

Un cinquième étage est pratiqué dans le sommet de la pièce du centre, et tout ce bâtiment, incombustible par sa construction, est couvert en terrasse avec beaucoup de solidité et de recherche.

Nous estimons qu'avec peu de dépense on pourroit y loger deux cent cinquante ou trois cents prisonniers.

Le rez-de-chaussée serviroit pour les cuisines; dans la cour intérieure logeroit le concierge, et avec une porte et deux murs il seroit facile d'ôter toute communication avec la manufacture de platines, qui est utile et qui y est placée commodément.

Une boulangerie considérable occupoit ci-devant ce donjon; mais des agens ignorans et infidèles en ont ruiné les propriétaires, et il n'en existe que les débris.

Des pièces en entresol logeront les gardiens, et une chapelle, dont on pourra rendre l'utilité plus générale, est déjà destinée aux actes de dévotion des prisonniers.

Ces infortunés auront sous les yeux un exemple bien frappant de la différence du régime actuel d'avec l'ancien; à chaque étage ils auront le spectacle des restes de la férocité des bourreaux d'autrefois, à chaque étage, dans les chauffoirs qu'ils habiteront, sont encore des siéges de pierre destinés à placer les malheureuses victimes que l'on torturoit de par le roi d'alors; des anneaux de fer scellés dans les murs, et qui servoient à assujétir leurs membres au moment de leurs supplices, entourent ces siéges de douleur, et dans des cachots privés d'air et de lumière, sont encore des lits de charpente sur lesquels on enchaînoit celles à qui l'on permettoit de se livrer à quelques momens d'un sommeil convulsif.

Le rétablissement de quelques grilles et de quelques châssis vendus par le dernier geolier, suffiroit pour rendre cette prison habitable; et, Messieurs, il n'est peut-être pas indifférent pour l'humanité et la philosophie, de remarquer que la maison de plaisance d'un roi de France du treizième siècle, a précisément tous les caractères demandés pour une prison conforme à l'esprit de la législation du dixhuitième.

D'après cet exposé, Messieurs, je crois qu'il est de l'humanité et de l'équité du Conseil municipal, de demander à l'Assemblée nationale la permission d'employer le donjon de Vincennes, actuellement domaine national, à loger provisoirement une partie des prisonniers qui engorgent le Châtelet, en assurant cette auguste assemblée qu'aucune autre prison ne peut mieux remplir les vues de bonté et de justice qui la dirigent, et que ce lieu d'arrêt a même moins le caractère d'un dépôt de malfaiteurs, que d'une maison de santé pour des malades convalescens; et qui sait, Messieurs, si plus d'une de ces malheureuses victimes chez qui l'affreuse maladie du crime n'est pas à son dernier période, respirant un air plus pur, livrée à la douce mélancolie qu'inspire la vue de la campagne, séparée des complices en qui l'habitude du vice l'a rendu incurable, ne retrouvera pas dans le repentir de ses fautes, ce calme heureux, espèce de convalescence de l'ame qui annonce un prochain retour à des sentimens de vertu, fortuné changement qu'elle devra à vos soins paternels et à votre bienfaisante sollicitude?

Le Conseil municipal a approuvé ce rapport, et a chargé en conséquence monsieur le Maire de demander à l'Assemblée nationale l'usage momentané du donjon de Vincennes, pour y transférer une partie des prisonniers du Châtelet.

FIN DU TROISIÈME ET DERNIER VOLUME.

TABLE DES CHAPITRES
DU TROISIÈME VOLUME.

CHAPITRE XXV.

Anecdotes et particularités relatives aux prisonniers d'État renfermés au donjon de Vincennes à la fin du dix-huitième siècle. — Le Grand-Chantre du Chapitre de Beauvais, et huit ou neuf Chanoines. — Le sieur de Saint-Victor, gentilhomme. — Plusieurs Protestans. — Le Frotteur des appartemens de Louvois. — Frédéric Lang, canonier de l'Évêque de Munster. — Boscus, curé de Mory. — Martinet. — Augustin le Charbonnier. — Dupuis, commis dans les bureaux du ministre Chamillard. — Jeanne-Marie Guyon, Quiétiste. — Pardieu et Henri Francion, Calviniste.   Page 1

CHAPITRE XXVI.

Détention au donjon de Vincennes, vers le commencement du dix-huitième siècle, du comte de Brederode, de Cafforeau de Metz, des comtes du Thünn, père et fils; du prince de Ricia, du comte de Kosnisberg, de Delfine, secrétaire du comte Walstein; de plusieurs Jansénistes; de Châtillon de Vieux-Pont; de Leblanc, ministre de la guerre; de l'abbé de Margon et de l'abbé Lenglet du Fresnoy. Page 27

CHAPITRE XXVII.

Emprisonnement du curé du village de Vincennes; de Titon, conseiller au parlement de Paris; de Gaspard Terrasson, Oratorien; de Desessarts, prêtre; de Pierre Boyer, de l'Oratoire; de Jourdain, Oratorien; de Nicolas Cabrisseau, curé de Rheims; de Crébillon fils; de Ange Reboul, Carme; de Pierre Vaillant, fameux Janséniste; de deux fils naturels des derniers ducs de Vendôme;

de quelques auteurs d'écrits satiriques ; de Diderot et du prince Édouard, fils du prétendant au trône d'Angleterre.
Page 58

CHAPITRE XXVIII.

Détention de Henri Masers de Latude, en 1749. 80

CHAPITRE XXIX.

Suite de la détention de Latude. — Détention du baron de Vénac, capitaine au régiment de Picardie; du baron de Vissec; de l'abbé Prieur; du chevalier de la Rocheguerault; de Pompignan de Mirabel; du comte de la Roche-du-Maine; de Rainville, de Thorin, suisse du canton de Fribourg. 134

CHAPITRE XXX.

Détention de l'abbé de Montcrif, doyen de la cathédrale d'Autun; du Père Ferdinand de Villeneuve; de la demoiselle Gravelle; de la dame veuve Saint-Sauveur; de la demoiselle Huguenin; de

Bartel ; de Louis Maréchal ; de Thorin ; suisse de Fribourg ; du baron de Winsfeld ; de Vérit ; de l'abbé Morellet ; du marquis de Mirabeau ; du comte de Saint-Ange, prince de Justiniani, ou plutôt le nommé Douceur, du Gâtinois ; de Camille-Constant de Mercourt ; et de Rapin, colonel suisse, au service de Prusse. Page 185

CHAPITRE XXXI.

Détention de Leprévôt-de-Beaumont, secrétaire du clergé de France ; des marquis de Falaise et de Chabrillant ; des sieurs de Boctey, Marnourt et Henri ; de la dame Binet ; de M. Induort de Roster, ambassadeur de Russie ; de deux enfans naturels du duc de la Vrillière, et d'un duc et pair. 203

CHAPITRE XXXII.

Détention du chevalier de la Porquerie, mousquetaire ; et du comte de Mirabeau. 228

CHAPITRE XXXIII.

Détention du comte de Sade ; de Goupil, inspecteur de police ; de Beaudouin de Guemadeuc, maître des requêtes ; de Dubut de la Tagnerette, fils d'un administrateur des postes ; du comte de Solages ; de l'Irlandais de Whyte. Page 255

RAPPORT sur le donjon de Vincennes, fait au Conseil Municipal, en la séance du lundi 15 novembre 1790, par M. JALLIER, architecte, officier municipal, l'un des commissaires nommés pour en faire la visite. 273

FIN DE LA TABLE.

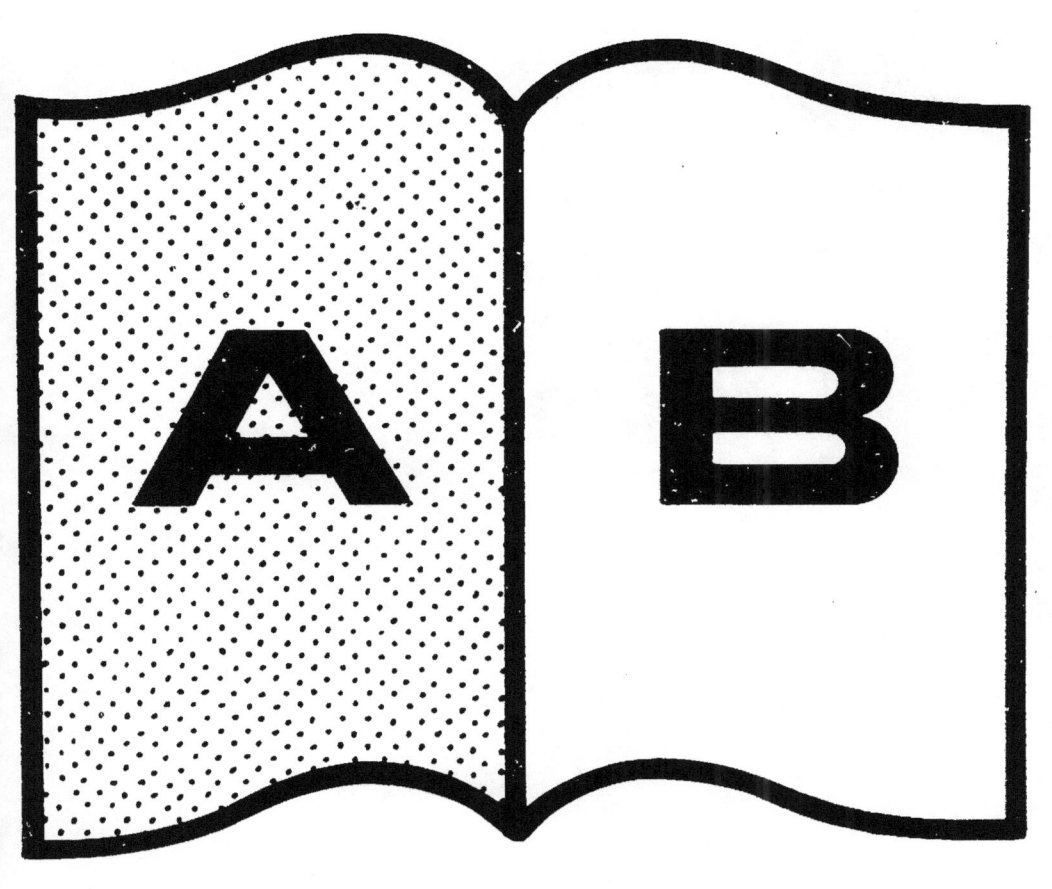

Contraste insuffisant

NF Z 43-120-14

www.ingramcontent.com/pod-product-compliance
Lightning Source LLC
Chambersburg PA
CBHW070744170426
43200CB00007B/642